これからのマネジャーは邪魔をしない。

多様な働き方時代のマネジメント・シフト

石倉秀明

フォレスト出版

はじめに
これからのマネジャーがやるべきこと

本書を手に取っていただき、ありがとうございます。

この本を手に取られたということは、おそらく会社でマネジャーやリーダーといった管理職か、会社経営をされている方でしょう。

近年、労働環境は大きな変化が起こりつつあります。リモートワーク、副業解禁、フリーランスなど多様な働き方ができるようになり、さらに新型コロナウイルスの流行による労働環境の変化……様々な変化が同時多発的に起こりました。

働き方が多様化している中で、旧来のマネジメントではうまくいかない、ということが当然起こっているはずです。

なぜなら、これまでのマネジメントは、「同一の価値観」「同じ場所」「同じ時間」「同じ雇用形態」「同じ関係性」を前提に考えられてきたからです。場所や時間ひとつとっても、リモートワークが当たり前になった今、この前提はすでに崩れています。

働き方が変化するということは、マネジメントも変化しなければいけないということです。

実際、「これからはどのようなマネジメントがいいのか」について迷い、悩まれているのではないでしょうか。

- **部下が成長してくれない**
- **社員が主体的に行動を起こしてくれない**
- **リモート下でのマネジメントが難しい**
- **社員の会社へのエンゲージメントが高まらない**
- **離職率が下がらない**
- **いい人材が集まらない**

……など、マネジメントにおける課題は個々様々でしょう。

それらを解決するには、部下やスタッフを変えるのではなく、マネジャーや経営者

が考え方を変えていく必要があると思います。

私はスタッフ700人ほぼ全員がリモートワークで働く会社「株式会社キャスター」を経営しています。創業6年半のスタートアップですが、ほぼ全員がリモートワークで働く会社としては日本の中では最大規模となり、3年連続で年率数百%の成長をしています。

現在は経営者ですが、それ以前は、リクルート、リブセンス、DeNAで、それぞれプレイヤーとして成果を出し、マネジャーとして働いてきました。

こう書くと、とても華々しい人生を歩んでいるように思われるかもしれません。

しかし、そんなことはありません。社会人になって16年目、いわゆる管理職やマネジメントと呼ばれる仕事をしてきた年数は12年程度になり、社会人生活の多くの時間、マネジメントの仕事をしてきたわけですが、私のマネジメントは失敗の連続でした。

現在、スタートアップの経営者をしていますが、その中でも失敗のほうが多いくらいです。

ただ、そんなマネジメントで多くの失敗をしていて、かつ個人の働き方が多様な会社を経営している私だからこそお伝えできる「マネジメント」の話があるのではないかと思い、本書を執筆することにしました。

▼経営戦略としてのリモートワーク

本書はマネジメントのノウハウが載っている本ではありません。また、リモートワークや新しい働き方を推奨して、生産性を上げようという本でもありません。

これからの時代に必要なマネジメントの考え方をお伝えする本です。


リモートワークを推奨する本ではないと書きましたが、経営者としてリモートワーク自体には圧倒的なメリットを感じています。

事実、リモートワークを本気で導入することで、優秀な人材が圧倒的に集まりやすくなり、事業は成長しやすくなります。

では、単純にリモートワークを導入すればいいのかというと、そうではありません。実際、コロナ禍でリモートワークをした会社がすべからく伸びているかといえば、きっとそんなことはないでしょう。

詳しくは後述しますが、**リモートワークを「思想や経営戦略として考えられているか」**が重要なのです。

多くの会社がやっているのは、これまでの仕事をただそのままリモートワークや在宅勤務に切り替えたにすぎません。そこに思想もなければ、経営戦略的な意図のないことがほとんどです。

リモートワークにして伸びる会社、伸びない会社の違いは、思想、経営戦略を持ってリモートワークにしているかどうかです。

これはもちろんリモートワークに限った話ではなく、副業、パラレルワーク、フリーランスなど多様な働き方が当たり前で、かつ可能になってきたこれからの時代、どのような考え方で個人の働き方や、組織のマネジメントをしていくのかが重要だと感じています。

大事なのは「Ｗｈｙ（なぜ）」です。

「なぜ、リモートワークを導入するか」

「なぜ、マネジャーは邪魔をしないほうがいいのか」

を、考えて理解している必要があると思っています。

個人が多様な働き方を選べるようになったからこそ、マネジメントする側が変わっていかなければいけないことが増えてきています。

一方で、「マネジメント」という役割の重要性も難易度も高まってきています。従来から言われているマネジメントはこうあるべきという「べき論」を改めて見直し、これからの時代に合わせた新しいリーダー像、マネジャー像を一から考えてみるタイミングに差し掛かっているのではないでしょうか。

個人の働き方や仕事の意味が変わっていく中で、それに合ったマネジャーやリーダーが増えていく。それが本当の意味で、日本の労働改革（労働革命）につながっていくのだと思っています。

本書が、これまでの働き方やマネジメントを見直し、ご自身の会社を成長させる一助となれば、著者としてこれほど嬉しいことはありません。

株式会社キャスターＣＯＯ　石倉秀明

第2章 ルールチェンジが起きている……57

第4章　これからのチーム・組織のあり方

第5章

リモート時代のマネジメント仕事術

第1章

多様な働き方時代の マネジメント・シフト

働き方を強制的に変えた「新型コロナウイルス」の衝撃

▼リモートワークで困惑する人たち

2020年、遅々として進まなかった日本の労働改革の問題が、いい意味でも悪い意味でも激変しました。新型コロナウイルスの感染拡大によってです。世界中に広まった新型コロナウイルスの衝撃は凄まじいものがありました。日本の多くの会社が休業や、在宅勤務を余儀なくされたことは記憶に新しいはずです。もちろん、今もその影響を受けながら働いているでしょう。

ここで注目されたのがリモートワークです（※リモートワークとテレワークという言葉が混在して使われていますが、ほぼ同義語なので、本書ではリモートワークで統一します）。

2020年4月〜5月の緊急事態宣言時には強制的にリモートワークを導入したという会社も多かったと思います。

私自身、この頃からメディアから出演依頼や取材などが増えました。

その理由は、私が取締役を務める会社（株式会社キャスター）が、日本全国46都道府県、16カ国で働いているメンバーの700人ほぼすべてがリモートワークで働いているからでしょう。

「リモートワークを当たり前にする」というミッションを掲げ、現時点の日本では、ユニークな働き方をしている会社に見えているかもしれません。

世間でリモートワークの導入が叫ばれ始めると、私のところにも多くの相談が寄せられました。

相談内容は様々ありましたが、決まって質問されたのは、

「リモートの環境下で、どうやって社員を管理すればいいのか」

「リモートワークを導入したいけれど、何から始めればいいのか」
「リモートで採用をする場合、遠隔面談で相手を見極めるのはどうしたらいいか」
「リモートで、会社へのエンゲージメント（愛着）をどう高めればいいか」
「リモートワークでは評価の方法や目標設定はどうすべきか」
「業務上どうしてもリモートにできない仕事もある、それをどう解決すればいいのか」
「リモートワークを円滑にするためのやり方などあるのか」

などです。

あまりに突然にリモートワークの導入を検討しなければいけなくなったことで、これまでのマネジメントとやり方が大きく変わってしまう、でもどうしていいかわからない、と困惑されていたのだと思います。たしかに、リモートワークで働くチームのマネジメントを専門にされている方はほぼいらっしゃらなかったはずですから、その気持ちはわかります。

本書を読まれている方もマネジメントにかかわっている方が多いかと思いますが、実際にリモートワークを始めてみていかがでしたでしょうか。

私が総じて答えていたのは、次のようなものです。

「リモートワークというのはそもそも特別なことではありません」

質問してきた方々は、リモートワークになると、なにかいろいろな問題が起こるように感じたのだと思いますが、基本的にやるべきことが変わるわけではありません。キャスターは700人ほぼすべてがリモートで働いているので、何かと特殊なスキルや経験があって、特別なことをしている会社に見えるのかもしれませんが、やっていることは普通の企業と同じです。

就労規則や勤怠管理もある。業務はすべてオンラインですが、使っているツールはスラック(Slack)やチャットワーク、Zoom、グーグルカレンダー、Gメールなど世の中にある一般的なものばかりです。

では、リモートワークを導入して違いが何もないか、というとそうではありません。これから詳しくお伝えしていきます。

リモートワークの働き方は何が違うのか？

▼サッカーとフットサルの違い

リモートワークの制度的な導入については、さほど難しい問題ではありません。

勤怠管理、パソコン等の電子機器の支給、クラウドツールの導入……など、会社に合った制度や必要物を、新たに整備すればいいだけの話です。

やる気があれば、今日からでも始められます。

しかし、マネジメントについては、従来の方法をそのまま引き継ぐのは問題があります。

先ほど「リモートワークは特別なことではない」と言いましたが、実際その通り。

ただ、これまで通りのやり方をそのままできるかというとそうではなく、工夫や仕組みを考える必要があります。

オフィスに社員が集まって仕事をしている場合と、リモートで働く場合では環境がまったく異なります。ですから、同じやり方というわけにはいきません。

私はよく、**「従来の働き方と、リモートワークの働き方とでは〝競技〟が違う」**と言っています。

例えて言うなら、**「サッカーとフットサルぐらいの違い」があるの**です。

ボールを足で蹴る、手を使ってはいけない、ゴールにボールを入れたら1点、制限時間内に多く得点したほうが勝ち、という基本的なルールは同じです。必要とされる技術もある程度一緒。

でも、プレーできる人数も違えば、ルールやコートの大きさも異なります。当然、戦略や采配も異なってきます。サッカーの考え方をそのままフットサルに当てはめるのは無理があるでしょう。

それと同じようにオフィスで働くことと、リモートワークで働くこととでは、「競技」が異なっているのです。

リモートワークにすると、「コミュニケーションがうまくいかない」「会社への愛着心が育たない」「管理ができない」などのイメージを抱かれがちですが、それは従来のオフィスで顔を合わせて働いていた時の考え方に固執して、その時のマネジメントをそのままやろうとしているからにすぎません。

本質的に目指すべきことや、会社としてやるべきことは同じでも、「やり方」は変えていかないとうまくいかない、ということが当然起こり得ます。

これまでのマネジメントのやり方をそのままやろうとするから、問題が起きてくるのです。

▼やり方よりも大事なマネジメントの「考え方」

では具体的に何が違いどんなやり方がいいか。それは、当然、会社・チームの規模や、業種、業態、ビジネスモデルによっても変わってきます。しいて言えば、

○コミュニケーションの取り方
○コミュニケーションツールの運用方法
○採用のやり方、考え方
○人材の適材適所の考え方

などでしょう。

ただ、ここでは個別具体的な方法は述べません。ここでお伝えしたいのはリモートワーク導入にともなう「やり方」ではないからです。

それよりも大事なのは、**マネジメントの考え方を変えること**です。

今後、すぐにリモートワークの会社が増えるかといえば、答えはＮＯでしょう。

事実、２０２０年12月現在、リモートワーク導入企業が増える一方かといえばそうではなく、オフィスに出社する会社は増えています。

公益財団法人日本生産性本部が2020年10月に調査した「新型コロナウイルスに関する会社員の意識調査」では、リモートワークの実施率は18・9%。同年5月の調査では31・5%。これに比べると、リモート導入率が下がり、出社する人が増えていることがわかります。


私自身そうなるだろうと感じていたので、このこと自体に驚きはありません。

この本を読んでいる方も、コロナ禍以前の生活様式に戻りつつあるのを感じている方が多いかもしれません。

ただ、新型コロナウイルスの流行によって半ば強制的にリモートワークが導入されたことで、見えてきたこともあるはずです。

それは、多様な働き方もやろうとしたらできることがわかったということです。

もっと言えば、どんな場所でも、パフォーマンスが変わることなく、働くことができると感じた人が増えたとも言えるでしょう。


これからの時代、リーダーや経営者に必要な認識とは「多様な働き方を許容し、個人がもっと自由に働けるようにしていくこと」だと私は考えています。それが個人の生きやすさにつながるだけでなく、会社としても、多様な働き方ができる会社や組織ほど、優秀な人材が集まり、会社組織として強く伸びていくことにつながるはずです。

そして、この多様な働き方の時代に必要なのがマネジメントの考え方を根本から変えるということ。

そのキーワードは**「邪魔をしない・何もしない」**というものです。

「何もしない」というマネジメント

▼「価値観は多様」である事実を再認識する

「何もしない」というのは、マネジメントも何もかもせず放置する、ということではありません。必要以上の干渉や監督をしない、邪魔をしないという意味です。

たとえば、リモートワークを導入した会社の社員から話を聞くと、仕事がやりやすくなったという人、やりにくくなったという人に大きく分かれます。

「仕事がやりやすくなった」という人は、満員電車に揺られるストレスや、上司や同僚との煩わしい人間関係から解放されて働けることに喜びを感じているのだと思います。

一方、「仕事がやりにくくなった」という人は、周囲に人がいる雰囲気を感じられなかったり、偶発的なコミュニケーションが生まれなくなったりしたことなど、仕事のやりがいを含めた難しさを感じている方が多いようです。

このようにまったく同じ状況であるのに対し、働きやすさ、仕事で何を感じるかという受け止め方は、人それぞれ違います。

これはリモートという働き方だから意見が分かれるわけではありません。オフィスで働いている時も、コミュニケーションの取り方、上司や同僚との距離感、時間の使い方など、心地いい仕事のやり方は各個人によって、当然異なります。

「何を当たり前のことを……」

と思う方もいるかもしれませんが、それをオフィスで働いていた時代に意識できていた人はどのくらいいたでしょう。人は多様で、それぞれに違った価値観を持ち、心地いい距離感があるという当たり前の話なのに、です。

このような、考えてみれば当たり前のことすら、これまで尊重されていなかったはずです。どういうことか、もう少し掘り下げてみましょう。

▼一体感の追求こそが、モチベーションを下げている

オフィスで働いていると、往々にして同じような行動や価値観を求められます。

それが苦手な人にとっては、非常にストレスのたまる環境と言えるでしょう。

たとえば、上司からランチに誘われたとしましょう。その場合、「そういう付き合いが好き」という人もいれば、「仕事は好きでも人付き合いは苦手」という人もいます。

誘いを断れない空気を感じたり、勇気を持って断ると「空気が読めない」「ノリが悪い」「人付き合いができない」などと言われたりすることがあるはずです。


会社員時代の私はもっぱら後者でした。


特に最初にいたリクルートという会社は「君の成長にみんなでコミットしよう」といった感じの組織で、その空気感が苦手で仕方ありませんでした。

幸い私は1年目からかなり成績が良かったため、上司や同僚からそれなりに認めてもらっていました。ただ、「成長は自分でするもの」「成長などという前に結果を出

すことが優先」と思っていたこともあり、周囲の人に成長をサポートしてほしいと思ってはいませんでした。とりわけ、自分より成果を上げていない先輩には、「人にかまってないで、自分が先に成長してくださいよ」と当時は失礼ながらも思ったものです。

私自身がそうでしたが、ある人にとっては、誰にも邪魔されずに淡々と仕事をすることが、実はモチベーションになっている場合もあります。その人が「全員で理念に共感してもらいたいし、チームワークをより高めよう」などと合宿や飲み会にしょっちゅう参加させられたら、逆にモチベーションは下がるかもしれません。

このように、価値観はそもそも多様で、働きやすい働き方も皆違うのです。

コロナ禍で、多くの会社がリモートワークを半ば強制的に始めたことで、人にはいろいろな価値観や、自分に合った働き方があることに改めて気づいた方も少なくないはずです。

また、リモートワークの有無にかかわらず、フルタイムの人もいれば、時短勤務の人も、フリーランスの人もいます。今後はもっと多様になっていくでしょう。それをひとつのルール、ひとつの価値観だけでマネジメントしようとするのはほとんど無理な話なのです。

このような状況で、改めてマネジメントの常識について考える必要があります。

これまでのマネジメントは、「こうあるべき」という常識にかなり引っ張られてきた側面があると思います。

「一体感を出さなければいけない」
「部下のモチベーションを上げなきゃいけない」
「新しい研修を導入しなければいけない」

というような常識です。もちろん、必要に感じたからやっていることだと思います。

しかし、私なりの結論は、任せている仕事や役割、求めている成果を出してもらうことについてはマネジメントすべきですが、それ以外のことについては口出ししないし、邪魔をしないことが重要になってきているということです。

▼「何をするか」から「何をしないか」へ

「邪魔しない」「何もしない」とはいえ、もちろん最低限のルールは必要です。

「会社と個人として、求めている役割や果たしてほしいミッション」は決まっていないといけませんが、それが果たされているのであれば、お互いの働き方や周囲との付き合い方、会社との距離感などは干渉しない。

会社組織のパフォーマンスを最大限出すためには、そういった「考え方」が必要だと思います。

たとえば、「Aさんは育児のためにいつも早く帰宅する、だからそのあとの仕事をフォローしないといけない」といった話はたまに出てくると思います。

それに対する私のアドバイスは「だったら、お互いに負担のかからない方法をきちんと話し合いましょう」です。また、必ず言うのは「君が求める働き方をAさんに求める権利は絶対にないよ」ということです。もちろん、Aさんにも同じ内容を話します。

どのような立場であろうと、他者の働き方に干渉したり、邪魔したりする権限は誰にもないのです。

オフの時間も同様です。飲み会をしたいなら好きな人たちでやればいいですし、雑談をしたい人同士で話すのもかまいません。会社としてその環境は作りますが、絶対に強制はしない。やりたい人はやって、やりたくない人はやらなくていい。

そういう異なる価値観の人たちを束ねて、きちんとコントロールしながら結果を出すことが、これからの上司やマネジャーの大きな役割になってきているのです。

マネジャー・リーダーとして失敗ばかりの歴史

▼リクルートで招いたチーム崩壊

この章の最後に、少しだけ私の話をさせてください。

ここまでマネジメントについて自分なりの考え方を書かせていただきましたが、それらは当然すべて自分の経験がベースになっています。リクルート、リブセンス、DeNAといった企業で働いてきたというと、とてもすごいリーダーだと思われる方もいるかもしれません。

今回、執筆の機会を得て振り返ってみると、多くの部下やメンバーと一緒に働きましたが、成果を出せたことと同じくらい失敗もしています。

私が最初に入った会社であるリクルートの話から始めたいと思います。

営業部では数百人ほどいる営業の中から、月に一番成績の良かった人を月間MVPとして表彰するのですが、私は入社1年目から12カ月中8回MVPになることができました。

それが評価されたのか、2年目からいきなりチームを持つことになりました。

マネジャーの大きな役割は、チームに課せられた成績を達成することです。5人のチームですので、それなりの成績が求められます。私は基本的にマネジメントをしながら、取引額が大きなお客様だけを担当し、新規開拓はメンバーに任せるというやり方でした。

しかし、入社2年目ではマネジメントの方法がよくわかりません。いかに数字を達成するか以外は、ろくに会話もしないマネジャーでした。

しかも仕事については、かなりメンバーを追いこんでいました。私が普通にやってきたことをすれば成功するはずなのに、多くのメンバーがなかなか契約を取れません。なぜ結果に結びつかないのか、正直まったく理解できませんでした。

あとになって気づいたのは、メンバーたちはどうやったら成果を上げられるのかがわからずに苦労しながら仕事をしていた、ということです。アポイントの電話も、相手が不在とわかっている時間帯に何の疑いもなく電話していたり、基本的にどういう行動をすると成果が上がるのかを理解しないまま、見よう見まねでやっている。

最初はそういった事実に気づかなかったのです。

メンバーが結果を出さなければ、私としては理由を問い詰めざるを得ません。当時は「わざと契約を断られているか、サボっているかくらいしか原因がわからない」とすら言っていました。

私が理詰めで淡々と話すので、相手はどんどん逃げ場がなくなります。当然、メンバーは息が詰まります。ミーティングはまるでお通夜のようで、泣き出す新卒のメンバーもいました。それでも当時の私は「泣いても解決しないよ」と一蹴していました。しだいに休みがちな人が出てきたり、異動を希望する人が現れたりと、チームはどんどん崩壊していきました。もちろん、誰も数字を達成していないため、私がメンバーの分まですべて売って、チームの成績を維持するという有り様でした。

▼「何もしない」というマネジメントが生まれたきっかけ

私は当時、「自分ができることは、ほかの人もできるはず」と思っていました。

自分が珍しいタイプとは思っていないので、当然のように同じことをメンバーに要求してしまうのです。

それに対して、「モチベーションが……」などと返されるとかえって腹が立ちます。

私にとって仕事は生きる手段でしたので、がむしゃらに頑張って認めてもらわないと居場所がありません。

人生をかけて必死にやっていましたので「仕事にモチベーションも何もあるか」としか返せません。とにかくメンバーの考え方が甘く感じられました。

もちろん、私の上司に相談したりもしました。

「相手の気持ちを汲みなさい」

「メンバーに歩み寄りなさい」

といったアドバイスをもらうのですが、その方法がわかりませんでした。私にはどうしても「相手の気持ち」が理解できなかったのです。

もっとも、私がチームの売上目標の大多数を売っていたため、表面上チームとしての成績は良かったりしました。チームは崩壊しているのに成績は良い、という状況が1年近く続きました。

そんな時、チームに新しいメンバーが異動してきました。彼は物事をはっきり話すタイプで、最初の面談で「このチーム、死んでいますよね」とズバリ言われました。うなずいてどうすべきかを聞くと、彼はこう言いました。

「石倉さんは何もしないほうがいいと思います」

当時、私自身もチーム運営がまったくうまくいっていない認識はあったので、ダメでもともとだと彼の言うことを信じてみることにしました。従来は一件一件の商談内容までこと細かに指示を出していたのですが、全然うまくいっていないのであれば逆に、自分が絶対にやりたくなかった方向に舵を切ろうと思ったのです。

たとえば、次のようなことです。

「正解はわかっていても、相手がそれに気づくまで待つ」
「情報や考え方を提供して、自分で考えてもらう」
「自分たちで目標を決めて行動し、そのフィードバックをする」

完全に何もしないわけではありませんが、自分の役割を「メンバーが自分で考えて動く環境の整備のみ」に変えました。

すると、不思議なことにチームは見違えるように再生し始めたのです。

メンバー全員がすべての指標を達成するようになり、私がすることはほとんどなくなりました。チームの目標は当初からずっと達成していたものの、最初の1年間とそのあとではチームの状態も、私の心持ちもまったく変化しました。

▼人間の成長は邪魔をしないと加速する

その後、従来やっていたかなり細かい内容まで指示するマイクロマネジメントや、自分とみんなが同じだと考えるマネジメントスタイルはやめました。結果を出すために設定した課題や行動に取り組んでいなかった場合などは理由を尋ねましたが、「なぜ結果が出ないの？」という質問はしなくなりました。

かわりに「結果が出ないのはここができていないからだよ」「ここを改善したら大丈夫だよ」といった具体的なフィードバックに変化しました。

また、チームの雰囲気が良くなってコミュニケーションが活発になってくると、相手を知ることよりも、自分を知ってもらうほうが良いかもしれないという考え方になりました。

チームが崩壊していた頃はメンバーを知ろうと頑張った時期もあったのですが、そもそも自分が共感力の低い人間ですのでうまくいきませんでした。それに相手の気持ちがわかったところで、どう言葉をかければいいのかもわかりません。

悩んだ末に出てきたのが、この「まずは自分のことを知ってもらおう」という逆転の発想でした。そのあとは、少しずつ自分の考え方を話すようになり、私が何か言った時に「それ、言うと思った」と返されるようになってきました。

そう返されることが増えてくると、「メンバーは私がどう考え、どんなことを言いそうかまで理解してくれている」と安心感を覚えるようになりました。

その後、「月間ＭＶＰは必ず私のチームから出る」というくらいにメンバーは成長していきました。また、なぜか「石倉は人を育てるのがうまい」という評判が広がって、ほかのチームの問題児といわれるメンバーが毎回異動してくるような状況にまでなりました。

しかし、現在に至るまで、人を育てようと思ったことはありません。

人は育てるものではなく、育つものだと考えているからです。

成果を出すための情報や考え方を伝授したり、環境を整えたりすれば、多くの人は結果を出せるようになります。結果が出れば、その理由を理解して次に応用できるようになります。応用できることが増えれば、人間の成長は勝手に加速していきます。

人は成長したから結果を出せるようになるのではありません。むしろ逆です。**結果を出し、なぜ結果が出たのかを理解できた時にはじめてメンバーは成長します。**マネジャーの仕事は、メンバーの結果が出るようにしてあげること。そしてそれがなぜなのかを理解してもらうようにサポートすることが重要なのです。

▼リクルートからリブセンスへ

リクルートに４年いたあと、私はリブセンスという会社に転職しました。サイバーエージェント社長の藤田晋さんが２００５年に上梓された『渋谷ではたらく社長の告白』（幻冬舎）をリクルート時代に読み、「こういうベンチャー企業で働いてみたい」と思い、リブセンスを選びました。

当時まだ15人ほどの規模だったほかのＩＴベンチャーからも内定をもらい迷ったのですが、リブセンスは会社の体制がほとんど整っていなかったことが決め手になりました。

なんでもやらないといけない立場になるため、そのほうがおもしろそうだと感じたからです。

新しいチャレンジをする上で考えたのは、「知っている領域×知らない領域」というかけ算が成立している環境に行くこと。そのほうが成長できると考えたのです。

その意味でも、成功報酬型の求人サイトを日本ではじめて立ち上げたリブセンスは最適でした。

求人や人材などリクルートで経験してきた「知っている領域」と、ＩＴやベンチャーという「知らない領域」の会社で、新しくチャレンジするにはうってつけでした。また人材ビジネスの経験があったこともあり、成功報酬型の求人サイトというビジネスモデルがうまくいくことに疑いの余地はほとんどなかったのも大きかったです。

当時は管理部門を担当していた40代の男性を除けば、私が一番の年長者でした。社長の村上太一さんもまだ早稲田大学の４年生でしたし、ほかのメンバーもほとんど学生だったと思います。

入社してから最初に取り組んだのは大きな顧客の開拓です。営業はやはり私のほうが得意ですので、ユニクロ、セブン－イレブン、ワタミなど大手企業との契約をどんどん成功させました。業績も順調に伸びて、入社から2年半後、設立5年目で東証マザーズに上場することになります。

▼さらに大きなステージを目指してDeNAへ

リブセンスでは、営業のほかにも、サイトの改善、カスタマーサポート、マーケティング、採用などなどやれる仕事はなんでも担当しました。

同じオフィスにいても会話はメール、やるべきことを各人が淡々とこなすといった、かなりさっぱりした会社で、私としては仕事がしやすい環境でした。

そのためか、マネジメントで苦労したことはあまりありません。リクルートでやっていた手法が通用しましたし、これといって大きな失敗はありませんでした。

おそらく、自分の中でマネジメントがうまくいく方法をなんとなく理解できていて、そのやり方をそのままやれたのが大きかったと思います。

しかし、私のマネジメントはかなり各人の自由度が高いため、会社からは「しっかりメンバーを管理してほしい」というリクエストをもらうこともありました。

当時のリブセンスは、自分で企画を立てて仕組みを作っていく人と、淡々とオペレーションをこなす人に分けたがる傾向がありました。私はむしろ分けずにマネジメントをしていましたので、そこだけは若干食い違いがありました。

私がリブセンスにいたのは、上場した翌年の2012年までです。社員が100人以上に増え、10億円くらいのビジネスは作れましたが、一気に100億、1000億まで行けるような事業を自分で作り上げられるようになってみたい。もっと大きな規模で、見たこともないくらい優秀な人たちが集まっている環境でやってみたいと考えるようになっていました。

その時、一番近そうだったのが、当時、飛ぶ鳥を落とす勢いのDeNAでした。優秀な人が各業界からどんどん集まっていて、すごい勢いで伸びていました。私もそんな会社で働いてみたい、本当にすごい人が集まっている会社で働いて通用するか試してみたいという、自分の人生で唯一自分らしくない選択でした（それまでは自分が活躍できそう、強みが活かせそうな環境を選ぶ選択ばかりをしてきました）。

▼入社3カ月目で営業責任者に就任

入社して最初に配属されたのはEC事業（ショッピングモール）の営業です。

DeNAという会社は前職がどのような経歴であっても、基本的にプレイヤーから始め、自分で結果を出してはじめてマネジメントなどの仕事に就きます。私が配属されたのは、新卒社員のうち毎年10名以上配属され、結果を出したら希望の部署に行けるという登竜門的な部署でした。

目標は、新卒・中途に関係なく1カ月13件の新規顧客獲得。それを3カ月連続でできたら一人前と言われていました。しかし、13件というのは意外に厳しいらしく、その部署ができてから10年以上の歴史の中で、最速で目標を達成できた人でも入社3カ月目だったそうです。

ところが、私は1カ月目から13件以上を獲得し、2カ月目も同様の成績を収めました。リクルート時代の手法をそのままやっていただけで、特別なことは何もしていません。それでも会社からは評価されて、3カ月目に営業責任者に抜擢されました。

DeNAの人事は明確で、優秀で結果を残した人にはチャレンジングな仕事にアサインしますし、会社として注力している事業の部署にどんどん行かせます。入社前にそう聞いていましたが、実際に入社して3カ月目だった私にいきなり営業責任者を任せるような会社で、スピード感にびっくりした覚えがあります。

当時の部署は全体で200人くらい。当然、全員とは話せませんので、チームリーダーなどと目標達成に向けた仕組み作りに取り組みました。

当時のEC事業の営業部は気合論が強かったほか、当時のリーダーは自分のセンスによって結果を出していた人間が多く、私のように戦略を立て、誰もが達成できるような仕組みを作って臨むタイプはあまりいませんでした。

部署全体に未達癖もついていたため、私はリーダーを入れ替えたり、それまでのルールや目標管理の方法を変えたりして、それなりに大なたを振るいました。

▼DeNAでも起きたチーム崩壊

EC事業部で1年働き、新規事業の企画開発を経て、3年目に人事部の採用チームに異動しました。そこで従来通りのマネジメントをしたところ、2回目のチーム崩壊を招くこととなりました。

採用チームには長く在籍をしている人も多くいました。在籍期間が長いことで、過去に良かったこと、悪かったことをよく知っています。

その経験をいい意味で、引き出すことができず、自分が過去成功したやり方をそのまま当てはめようとしたのです。

人事部は個人の頑張りによってなんとか結果を出しているような、属人性の高い傾向がありました。私はそれまで自分がやってきたように、そのような業務を全員ができる仕組みに変えていこうとしました。

また、まずは仕事を任せて、考えさせて、ダメならば次は少し難易度を落とした仕事を任せるという私の方法論も従来通りに取り入れました。

しかし、そういうやり方が合わないタイプがチームの中に半数以上おり、まったくうまくいきませんでした。

DeNAでは部下から上司についてのアンケートを取るのですが、私の評価はボロボロでした。非常に独裁的だと見られたり、人格否定に近い内容の回答もあったりしました。ざっくり言えば、「まったく信用できない」ということです。

従来のやり方が否定されているように感じる、自分が動きやすい指示の出され方ではない、うまくいかないことを強要しているなど、もはや仕組みや方針の問題ではなく、単純に好き嫌いの感情論になっていました。

▼チーム作り・運営に正解はない

それまで積み上げてきたこと、成果を得てきた方法がガラガラと崩れていきましたので、当時はとても苦しみました。私について根も葉もない話なども出てくるようになり、完全にチームは崩壊していきました。

上司に入ってもらったり、メンバーと個別の面談をしたりもしたのですが、解決には至りませんでした。結局、チームメンバーが入れ替わることでしか改善しなかったと言えます。

うまくいかなかった理由には、人事部ならではの特殊性もありました。私が異動した当初から成果は得られていましたし、営業部のように定めたラインまでいけば達成という明確な目標があるわけでもありません。

ここまでやれば正解という基準がないため、改善しようと思えばどこまででもできる。すると、チームの中でも求める水準にどうしても差が生まれます。

また、在籍している人の経験もまちまちですので、従来のように若い人材を束ねて全員で進むというやり方では通用しませんでした。いまになれば、部署の特性などを鑑みて、目標設定の仕方をきちんと変えなければならなかったと思います。

私はそれまでマネジメントが得意だと思っていたのですが、実は自分のマネジメントスタイルがうまくいくパターンの部署をたまたま担当していただけなのだと気づきました。

結局、チームを作り、運営する方法に正解はないのです。

▼キャスターとの出合い

チーム運営には苦労しながらなんとか働いていたものの、自分の働き方を考えないといけない事情が出てきました。東京にある本社と実家のある群馬県を行き来することも増え、当時は自分の能力の問題ならまだしも、物理的な問題で働き方を変える必要性が出てきたことにストレスを感じていました。

そこで考えたのが、場所や時間に関係なく仕事ができるようになるにはどうしたらいいだろう、ということです。それを会社に在籍したまま実現するのはかなり難易度が高いため、自分でそういう会社を作ろうと思い、独立を決断しました。

1年ほどフリーのコンサルタントとして、新規事業の立ち上げや採用のサポートなどをしていましたが、かなり仕事が増えてきたため法人化することにし、「働き方ファーム」という会社を作りました。

その最初のお客様だったのが、私が現在COO（最高執行責任者）を務めるキャスターです。当時はアシスタントも含め全員で20人程度の規模でした。

キャスターの社長である中川祥太がキャスターを設立した発端は、前職での経験にあるそうです。

たまたま発注側でクラウドソーシングを使う機会があったのですが、支払う報酬が異常に安い。一般的な会社の事務職ならば月収30万円程度はもらえそうな人なのに、リモートワークというだけで最低賃金にも満たないような報酬になっていました。

単に働く場所が自宅などになっただけで、積み上げたスキルがないことにされてしまう。

その憤りから、働く場所に関係なく仕事ができて、結果や能力に対してきちんと報酬が支払われる社会を当たり前にしたいと考えたそうです。

その後、2014年に株式会社キャスターを設立し、あらゆる企業のバックオフィスの業務をオンライン（リモートワーク）アシスタントが請け負うBPO（ビジネス・プロセス・アウトソーシング）事業を手がけ始めました。

私は当初週1、2回程度のお手伝いをしていたのですが、少しずつ事業が伸び始め、自分の会社を残したままでかまわないので、役員に入ってほしいというオファーをもらいました。いわば非常勤の取締役です。

その後、会社が大きくなるにしたがって、自分の会社でやっていた事業と重なってきたこともあり、自分の会社をキャスターに売却し、常勤の取締役に就きました。

私は自分の働き方を変えたくて独立しました。しかし、場所や時間にとらわれない働き方を社会に定着させようと考え、事業として手がけている人たちがいたわけです。それを目の当たりにしてとても心が動かされましたし、働き方の領域は、社会的な課題であることを認識し、自分たちが解決の一端を担うことも単純におもしろいと思いました。

私自身に「社会を変えたい」といった考えはまったくありません。ただ、世の中の基本的なルールに対して、そうではない戦い方や新たなルールを作ろうとしていて、それができたら自分も生きやすい社会になるのではないか。それを自分で作るチャレンジをしてみよう。

そう思ったのが、キャスターに参画した大きな理由です。
キャスターほどの規模で全面的なリモートワークにより運営している会社は前例がないため、日々やり方を考えながら進んでいる部分もあります。人事制度や評価制度などは現在も模索中ではありますが、私なりのマネジメントの考えをできる限りお伝えしていきたいと思っています。

次章からは、私自身が感じているマネジメントのルールチェンジについてお話ししていきたいと思います。

第2章

ルールチェンジが起きている

働き方のルールチェンジ

▼「全員が同じ」という前提は通用しない

今までは、皆、同じ時間、同じ場所、同じ雇用形態で働くことが一般的と考えられてきました。新卒で一括採用され、仕事に対する価値観、会社との関係性なども全員が同じ状態で働いている。そういう前提で、マネジメントが成り立っていました。

しかし、現在はそういうやり方が通用しなくなってきています。もしかしたら今まででも「みんな同じ」と決めつけていただけで、人それぞれ多様だったのでしょうが、現在は、「みんな違う」ことが明らかになってきています。

○同じ価値観で働いていない
○同じ場所で働いていない
○同じ時間で働いていない
○同じ雇用形態で働いていない
○同じ関係性を望んでいない

同じ場所、同じ時間に全員がいるわけではなかったり、雇用形態が多様化したりと、価値観の異なる人たち、会社との距離感が違う人たちと一緒に働くようになってきたからです。

これらの変化に対して、まだ多くの会社は変化できていないように感じます。

また、昨今、働き方変革の必要性が叫ばれるようになりました。ただ、メディアでは生産性や残業削減の話ばかりされている印象がありますが、それ以上に私が大事だと思っているのは「多様であることを前提とした」働き方への変革です。

そもそも、厚生労働省が発表している働き方改革の定義は次の通りです。

「働き方改革」は、働く方々が個々の事情に応じた多様で柔軟な働き方を自分で「選択」できるようにするための改革です。

このように生産性を上げようというものではありません。生産性はもちろん重要ですが、働き方改革の中に出てくる課題のひとつにすぎません。

生産性の向上以上に重要なのは、多様な価値観、考え方があることを前提とした働き方ができるように経営者やマネジャーが、会社の制度や環境、仕組み、そして文化を作っていくことだと考えています。

もちろん、多様性＝リモートワークではありません。リモートワークは、多様な働き方の方法のひとつにすぎません。

▼「経営戦略としてのリモートワーク」のメリット

リモートワークがすべてではありませんが、経営者として5年以上やってきてリモートワークの経営上のメリットは非常に大きいとも感じています。リモートワークのメリットを最大限享受するには、多様性を意識し、経営戦略としてリモートワークを導入することだと思っています。少しわかりにくいかもしれませんので、具体的に説明していきましょう。

そもそも、経営戦略としてリモートワークを導入すると何がいいのか？メリットは様々あります。

一番に挙げられるのは**「圧倒的に採用がしやすくなる」**ことです。

まず、働く人がどこに住んでいるかが関係なくなり、単純に採用できる範囲が広がります。実際、私が取締役を務めるキャスターのメンバーは、全国46都道府県、それどころか世界16カ国で働いています。

一方、都内にある企業でリモートワークを導入していない場合、事実上、首都圏の人材しか働けないことになります。これがリモートワークを導入していれば、全国のどこにいる人材でも採用ができます。

また場所だけでなく、時間もそうです。事情によりフルタイムで働けない、またほかの仕事もしているのでフルタイムで働けないが、スキルや経験はあるという人はたくさんおり、そういった方も積極的に採用しています。

キャスターでは、どこで働いていても東京と同じ給料を支払う形にしているのですが、その結果、採用に困ることはほとんどありません。実際、キャスターは数名の社員採用枠に毎月1000件以上の応募があります。それが設立当初から続いている状態です。

▼多様な働き方を進めるべきは中小企業である

これからの時代、優秀な人材をいかに確保していくかが大事かというのは、私が言うまでもなくなんとなく理解しているでしょう。ただ、私の印象では、多くの人が「なんとなく」しか理解していないとも思っています。

なぜなら、リモートワーク導入というと大企業が推進するものと考えている中小企業が多いからです。

これから特に中小企業は、本格的な人材不足に悩まされていくはずです。

コロナ禍が始まる以前は、有効求人倍率が高く、「売り手市場」とされてきました。2020年7月の時点では全体で1・08倍程度まで低下しましたが、従業員300人未満の中小企業に限定すると8・62倍となり、10社のうち人材を確保できるのは1社か2社しかありません。まさしく売り手市場です。

ですが、従業員5000人以上の大企業になるとたった0・42倍。圧倒的な「買い手市場」であるほか、何千人もの早期退職を募っていたりします。

ようするに大企業では人材が余っているのです。それでも大企業に入りたい人はごまんといるので、いくらでも人材が集まります。

一方、中小企業には、人がほとんど集まらず、何か工夫をしない限り人材を確保できません。そのひとつとしてリモートワークが考えられます。

あるいは、仕事の自動化、フリーランスの活用、アウトソーシングなど、いろいろな人や働き方を組み合わせて人材を確保しながら経営しないと、会社が回らなくなります。

中小企業の経営者は「優秀な人材が来てくれれば、会社・事業は大きくできる」と考えがちですが、現実はまったく逆で、大きい会社だから人材が集まるのです。

つまり、大手企業と同じようにしていては勝負にならないので、中小企業こそ多様な働き方ができるような会社にすることが求められます。

多くの人が「入社したい」と思う会社を作ることが先なのです。

ところが、リモートワークなどを推進できるのは大企業で、自分たちには関係ないと思っている経営者がたくさんいます。政府やメディアも大企業の事例ばかり取り上げ、数十人規模の会社には目を向けません。この状況を変えない限り、中小企業の生き残りはますます厳しくなると思われます。

中小企業が変革を考えないのは、現状として会社はなんだかんだ維持できている、またそれが今後も続くという前提に立っているからだと思います。

だったらなぜ中小企業のままなのでしょうか。もちろん自分のペースで拡大せずに会社をやっていくという方針の会社もありますし、そういった会社経営の仕方も素晴らしいと思います。ただ、事業を拡大していきたいと思うのであれば、会社の規模も大きくなっていくことは必然です。

大企業だから会社がうまくいくわけではありません。

うまくいったから大企業になったのです。その因果を間違えてはいけません。

逆に、現在うまくいっていないから変革は無理、というのも話が違います。新たな働き方やルールに変えてみたほうが、うまくいくかもしれません。しかもまだコロナ禍は続いています。ある意味では、こんなチャンスはめったにないのですから。

▼価値観の変化

話をもとに戻しましょう。

多様な価値観、働き方を受け入れるために、チームマネジメントの前提を変えないといけません。

チームワークが大切なので飲み会をする、一体感を出すために合宿をするなど、ひとつの価値観しかないことを前提にしたやり方が通用しなくなってきたと感じる人も多いかもしれません。

実際、SNSなどのネット上で、仕事のあとの飲み会を強制する人に対する風当たりは強くなってきています。これは、多様な価値観や働き方のニーズの変化が、顕在化してきている証だと思います。

マネジャーやリーダーの多くは立場上、「一体感を持たせたい」と考えます。

しかし、メンバーもそれを望んでいるかというと決してそんなことはありません。

実は上司が「自分が安心したいから一体感を持たせたい」と思っているだけ。本来人間はみな違う考え方をします。人それぞれの事情も考え方も違います。

たとえば、働く上での価値観もバラバラです。


Aさんは担当する仕事を通して自分のスキルを上げたいと思って働いている。

Bさんは純粋に仕事がおもしろいと思って仕事をしている。

Cさんは会社のミッションに共感している。

Dさんは生活のためと思って仕事をしている。


本来、会社はこういった多様な価値観を持つ人たちの集まりなのですが、そういう個人の文脈をすべて無視して、一体感やエンゲージメントを築こうとしていたのが従来のマネジメント。


それは「一体感があるのがいいチーム」という前提があったからです。

もはやそんな前提はありません。

これからのマネジャーやリーダーは、**「一体感がないといけない」「全員がビジョン**

に共感しているほうがいい」といった考え方から離れたほうがいいでしょう。

なぜなら、今の時代、その前提はただの幻想となっているからです。

ここでお伝えしたいことは、「一体感を求めるのが間違い」ということではありません。そうではなく、「一体感を求めるのはいいが、中には一体感を持つことが重要だと思っていない人もいる」という多様性を理解することです。

企業理念にしても、共感している人もいれば、どうでもいいと考える人もいます。たとえば、現在のリクルートの理念は「まだ、ここにない、出会い。」。私がいた頃の理念は「フォロー・ユア・ハート」。正直、ピンとこず、イマイチ共感できないという人もいるでしょう。

ＤｅＮＡの時は「世界を切り拓く永久ベンチャー」。真意は別にしても、「ずっとベンチャーでいるぞ！」ということで、共感しない・できない人も働いているでしょう。もちろん、この理念に共感し、とても好きだという人もいます。

そういう考え方の違いを無視して、ひとつの考え方が正しいという前提で、一体感を築こうと考えるのはマネジャーやリーダーのエゴにすぎないということです。

▼マネジャーが求めるべき本当の目的

では何をマネジャーは求めるべきでしょうか。

それは、**「役割を果たしているかどうか」**です。

そもそも仕事というのは、各人の役割をメンバー全員が果たしてくれれば、それでいいのです。

マネジャーがすべきなのは、人間の価値観は多様であるという当たり前のことを、自社の社員、スタッフに対して認め、結果を出すためのサポートをすることです。

それによりメンバーそれぞれが結果を出すから、チーム全体が盛り上がって一体感が生まれてくる。本来、一体感とはそういうものではないでしょうか。

長く続いている中小企業の経営者とお話をしていると「メンバー全員が同じ価値観を共有すべき」と考える方が多くいらっしゃいます。

しかし、**ひとつの価値観で従業員を縛っているから会社が成長しない**のです。

多様な人がいてこそ会社なのです。

それなのに、多様であることを排除してしまったら、採用できる人材が少なくなります。採用できる人材の幅が狭くなるということは、優秀な人材の採用がより困難になる、ということ。

当然それでは、事業や組織が成長する可能性は低くなってしまいますし、事業のスピード感も失われていきます。

たとえば、マクドナルドがひとつの価値観しか認めなかったら、あれほど大きくなっていないはずです。高校生、外国人、フリーターなどあらゆる立場の人やあらゆる価値観、考え方の人でもみんなが働けるように、提供する価値をしっかり決めて、誰でも同じサービスが提供できるよう仕組みとして用意している。

だから、あれだけ多くの人がスタッフになれますし、会社も成長してきたわけです。

「みんな違う」というところからスタートしないといけないのです。

「当たり前のことを当たり前にできる」が一番すごい

▼普通のことを評価すべき時代

リモートワークの話をメディアなどでするると、必ず言われることがあります。

「リモートワークになると、アウトプットだけで評価され、成果主義になる」

実際、対面しない仕事が増え、毎日出社しているかどうかや、その人の頑張りや社内での人間関係は見えにくくなる。だから、成果としてのアウトプットだけで判断される。そんなイメージがあるのかもしれません。

その認識は半分合っていて、半分間違っていると言えます。

実際リモートワークを導入すると、チャットツールを使う機会が増え、その言動はすべて「見える化」されます。仕事の進捗、レスポンスのスピード、書き込みの有無などが可視化され、ログ（記録）も残ります。

確かにやった仕事を頑張っていたのか、頑張らずにやったのかはわかりません。だからこそ、頑張ったかどうかではなく、出てきた成果物や結果で判断する傾向は強くなるでしょう。


ただ、「成果主義になる」といった場合、その「成果」の認識が間違っていることが往々にしてあります。

成果というと、どうしても「売上げを倍にした」「ヒット商品を出した」など明らかな数字や形として評価されるものをイメージしがちです。

２０００年代前半に、日本で成果主義が叫ばれた頃、「成果主義を導入すると日本がおかしくなる」などと言われましたが、その時多くの人がイメージしていたのが、目に見える成果だけで評価されるというものでしょう。

実際には、成果と言われるものには2種類あります。

ひとつは、今お伝えしたような、「売上げを倍にした」「ヒット商品を出した」など明らかな数字や形として評価されるもの。

もうひとつは、「当たり前のことが当たり前にちゃんとできている」というのも仕事の「成果」なのです。


「成果」というと前者をイメージしがちですが、仕事の大半は後者のようなものの積み重ねで成り立っています。たとえば、経理であれば「ミスなく月次決算を締められた」などです。締められたか、締められなかったかを考えた時、きちんと締められていれば、それは立派な成果なのです。

華々しい成果や派手でわかりやすい成果ではなくとも、日々の積み重ねられる仕事を当たり前にこなしているかどうかは、大事な成果です。


マネジャーやリーダーがすべき成果の評価というのは、当たり前のことを当たり前にできたということに対する評価もきちんとすることです。

リモートワークを中心として、多様な働き方をする人が増えたからこそ、その人がやるべきことをできる人かどうか、普通のことを普通にできる人かどうかが評価されるのです。

普通のことを普通にできることは今まで軽視されてきました。そのことが再評価される「普通の人の時代」であるとも言えます。

▼疑心暗鬼を抱かせない人材が貴重になる

ではなぜ、この「当たり前のことを、当たり前にできる」が大切なのでしょうか。

それは、**マネジャーやリーダーにとって最大の敵が「疑心暗鬼」**だからです。

マネジメントや会社の経営をしていて強く感じるのは、任せている役割を当たり前にやってくれる人は、とても尊く、安心できるということ。

この本を読んでくださっているマネジャーやリーダーの方も、「当たり前のことはできないけれど、たまに派手な成果を上げる人」よりも、「安定して当たり前のことを着実にできる人」のほうが仕事を任せられると思う人も少なくないのではないでしょうか。

メンバーに対して「仕事をちゃんとやってないんじゃないか？」と思い始めると、マネジャーやリーダーの仕事はどんどんマイクロマネジメント化します。

マイクロマネジメントとは、部下やメンバーの業務を事細かく監督し、意思決定を部下に任せないといったやり方で管理すること。こうなると、進捗管理や出退勤管理、事細かな「報連相」を求めるなど、部下の行動管理がマネジャー・リーダーの主な仕事になっていきます。

そうなってしまうと、マネジャーやリーダーにとっても、部下やメンバーにとっても大きな負担になります。

また、本来やるべき仕事に手が回らなくなり、部下やメンバーの立場からすれば、介入されすぎて監視されながら仕事をすることになり、多大なストレスを抱えながら働くことになってしまうでしょう。

特にリモートワークといった対面でない状態では、疑心暗鬼になってしまうと、厄介です。一緒に働いている人を信頼できなくなってしまった中で、さらに物理的に働いている姿が見えないとなると、「監視」のような過剰な管理に膨大な時間を費やすことにもつながりかねません。

ですから、疑心暗鬼を感じさせない人はとても助かります。

疑心暗鬼が生まれないようにするには、基本的な当たり前のことを当たり前にしてもらうことです。

○ 期日を守る
○ 期日に遅れそうなら、早めに連絡して対応策を提案する
○ わからないことがあったら、すぐに聞く
○ 認識がずれそうならば確認する

そういう基本的な行動ができる人は疑心暗鬼を生みません。

そもそも期日を守るということひとつとっても、意外に難しいことです。それができる人は安心して任せられますし、そういう人の価値はとても高いと思います。

ところが、これまでは、それが成果として正当に評価されていなかったのではないかと私は感じています。

たとえば、わかりやすい成果を上げられる営業などの給与は上がりやすく、バックオフィスと呼ばれる部署は、会社の機能として収益を生む分野ではないため、残念ながらあまり重視されないという例を聞くことは少なくありません。

しかし、会社を経営してみると、バックオフィスが強くないと会社は強くならないことがよくわかります。ですから、もっと「当たり前のことが当たり前にできる」という成果が評価されるべきだと思います。

ここでお伝えしたいのは、

○疑心暗鬼を生まない働き方ができる人材は貴重
○「当たり前を当たり前にできる」を成果として適正に評価する
○疑心暗鬼が生まれないような会社の仕組み作りが必要

ということです。

対面である必要はない

▼700人ほぼ全員がリモートでも誰も困らない

もうひとつのルールチェンジが、対面で仕事をする必要がなくなってきたことです。これまでは対面や一緒のオフィスで働くということを前提に、組織作りがされてきましたが、今回のコロナ禍をきっかけに大きく変わりました。

もちろん、サービス業、製造業など、リモートワークが難しい業種もありますが、コロナ禍で半強制的にリモートワークを導入し、必ずしも対面である必要はないことは、多くの方が実感されたと思います。

特にホワイトカラーと呼ばれる、オフィスで働くことがベースの仕事であれば、ほとんどリモートで完結できます。

第1章でもお伝えした通り、キャスターでは、全国46都道府県、16カ国で約700人が働いています。数名が宮崎県の本社に勤務している以外、ほぼ全員がリモートワークです。

なぜ「ほぼ全員」なのかというと、社員に貸与するパソコンをセットアップして各地に送ったり、社会保険証など国からの書類を受け取ったり郵送したりする総務機能として本社が必要だからです。この仕事はさすがにリモートではできないので、メンバーが交代で勤務してくれています。

社員の選考もすべてリモートで、書類選考を通った人とZoomで面接します。直接会わない以外は、普通の採用と変わりません。

社員が働いているのはほぼ自宅です。セキュリティの面から、自宅以外で働く場合は必ず申請をしてもらっています。

こういう会社ですので、私も社長とは半年以上、直接顔を合わせていません。そもそも社長が普段どこにいるのかも知りません。もうひとりいる取締役は宮崎県在住で、ほかの執行役員などを入れた役員会議もオンラインで行っています。

組織的には一般的な会社と変わりませんが、問題なく組織として運営もマネジメントもできています。

このような会社はまだ稀のように感じるかもしれませんが、これからもっと増えてくると思います。

▼コミュニケーションはテキストベース

対面でなくなると、何が変わるかというとコミュニケーションの取り方です。

キャスター以前の職場では、オフィスで直接人と話すことが多かったのですが、対面ではない仕事になると、必然的にテキストベースで仕事をすることになっていきます。

そのことに対して不安を感じる人も多いかもしれませんが、これも誤解です。

実は、仕事におけるコミュニケーションがテキストベースになることは、メリット

がたくさんあります。たとえば、

○ すべて文字化されることによる情報の透明化

○ 会議などを通さないため意思決定が速くなる

などです。

まず、情報の透明化は非常に重要だと考えています。

テキストベースになると言いましたが、キャスターではメールではなくチャットツールを使っています。

チャットというメンバーなら誰でも見られるオープンな場でやり取りをしていくので、対面で働いている時以上に、会社全体の仕事の流れや、プロジェクトの進捗といった情報、またメンバー同士がどんな会話をしているか、といったことが見えるようになります。

オフィスで働いていると、自分が席にいない時は同じ島のメンバーがどんな相談をしていたのかはまったく見えません。それが、チャットになると今まで以上に「見える」ようになるのです。

また、部下やメンバーの働き方にもいい影響があります。詳しくは第3章で述べますが、情報が透明化され、すべてのメンバーに平等に情報が共有されることで、働くメンバーのモチベーションや主体的に働けるかどうかが大きく変わります。

また、対面の場合、何か決めたいことがあっても「来週の火曜日会議で決めましょう」となることがありますよね。そのために会議室をおさえたりするなどの手間もかかります。

しかしリモートであれば、チャット上のやりとりで決められますし、空いた時間に30分Ｚｏｏｍをつないで話せば終わります。もちろん会議室をおさえる必要もありませんので、意思決定が速くできるようになります。

現在はキャスターも大所帯になったため、担当している部署の部長などと話す以外、私がスタッフと個別に話す機会は減りました。ただし、社員のチャットは見られますので、雑談など普通の会話には参加しますし、何か質問があればその場で答えます。

チャットは７００人全員がひとつのチャンネルにいるわけではなく、部署ごとや、部署の中でもテーマ、トピック、チームなどによって分かれています。

チャットではメンバーがあれこれ話している内容が流れていますが、もちろん必要な会話の全部に入ろうとすると辛くなります。実際、部長の候補として入社した人がすべての会話に入ろうとして、業務量や情報量が過多になってしまい、ギブアップして辞めたことがあります。

普通のオフィスでも会話を全部聞いているわけではありませんよね。チャットは会話が可視化されているため、雑談でもなんでも見ないといけない気持ちになるのですが、すべてに反応する必要はありません。自分宛てにメッセージが届いた場合のみ答え、自分が必要だと思う会話だけ入ればいいだけのことです。

自分が必要なチャンネルにだけ入って会話するというのは、オフィスで自分の仕事にかかわる人とだけコミュニケーションを取っているのと同じ状態です。物理的に隣にいなくても必要なコミュニケーションは取れるし、それ以上に多くの人と会話がしたい人はＺｏｏｍをつないで話すなり、チャットで雑談するなりすればいいのです。

行動のマネジメントはしない

▼マネジメントの仕事は行動の管理ではない

メンバーの役割やミッションが決まったら、その役割が果たされるようにサポートをするのがマネジメントです。

マネジメントには2種類あります。

それは、

○ 行動のマネジメント
○ 成果のマネジメント

です。

行動のマネジメントとは、出勤時間、服装など、誰でもできるような「行動」を管理することです。

成果のマネジメントとは、ミッションを達成してもらう、役割を果たしてもらうなどまさしく仕事の成果にかかわることの管理です。


マネジメントというと、行動のマネジメントばかりしている人がたまにいますが、それはただルールを守ってもらえば済む話ですし、本来のマネジャーの仕事ではありません。本来のマネジャーの仕事は「成果のマネジメント」をすることです。

成果のマネジメントで重要なのは、担当者が適任かどうかを考えることからスタートします。評価する側も人間ですので、社員か非社員か、やる気があるかどうかといった要素を加えがちになりますが、その人が本当に役割を果たせそうか、その能力を持っているかなどのポイントだけをしっかり見極めるべきです。

▼事実と評価は分けて考える

キャスターの中で、成果を見る際に大事にしているのは「事実」です。たとえば、経理部であれば「第○週の営業日までに毎月の決算を締める」といった目標があります。それができたか、できなかったか。

その事実だけを成果として見ています。その成果に対する報酬体系が公開されています。

社員の評価を行う際には、「事実」と「上長などの第三者による評価」によって決めることが多いですが、2つは分けて考えないといけません。

第三者の評価を入れることが一般的ではありますが、それだと第三者の解釈が入る、という側面はあります。ですから、社員の評価をする際には、「事実だけですべて判断する。できれば成果は出た、できなかったら成果は出ていない。それだけで判断します」とする。

もし評価側の解釈を入れるならば、「○○さんから見た解釈を入れて評価します」と事前に言い切るなど、自分たちがどうやって評価を決めるかを示したほうがいいでしょう。

そこを曖昧《あいまい》にしてしまうと、

「成果は出ているのに評価が上がらない」

「○○さんは成果を出していないのに、上司に気に入られているから、評価が高いのではないか？」

などといった疑心暗鬼が生まれてしまいます。

評価の仕方について事実以外を入れたいのであれば、曖昧にしたりせず、

「当社っぽい行動をしない人は評価しない」

「私が好きじゃない人は評価しない」

などと言ってしまったほうが、それが良いか悪いかは別にして、評価される側もわかりやすいはずです。

▼結果だけで判断するほうが優しい

メンバーが目標を達成できなかった場合、その要因を把握して適切な手を打つのもマネジャーの仕事です。しかし、それをやり続けても達成できない場合は、給与を下げればいいのです。

こう言うと、とても冷たくとられがちですが、私はむしろそのほうが優しいと思います。

成果が出れば給与は上がるのですから、出なければ下がるのは当然です。キャスターでは達成できない場合は、評価として給与は当然下げますし、以前に在籍した会社もそれが普通でしたので、なぜそうしないのか不思議でなりません。

むしろそういう評価をせずに、「頑張ったから」などと曖昧な評価をし、成果を上げた人と成果を上げていない人の給与をあまり変えないなどの運用をしていると、部下は何をやれば評価されるのかがわからないまま、暗中模索で頑張り続けないといけません。

部下からすると、評価されようとかなり頑張ったのに、蓋を開けたらそれほどの評価ではなかったといったことも起こります。それはまったく優しくありませんよね。

きちんと目標を設定し、それが達成できた場合と、できなかった場合にどういう評価になるのか、を最初から明確にしておく。

そうすると、働く側は何をどのくらい頑張ればどう評価されて、給与がいくらになるかがわかります。そして、実際の働きに応じて事前に伝えておいた評価をすれば、評価に対する不信感を抱く余地がありません。

結果によって給与の上下があったりすると、「成果主義」などという批判があるのではと思うかもしれません。

しかし、前述したように、やるべきことを当たり前にやってくれることも立派な成果です。その成果の到達度によって正当な報酬を支払うという意味での「成果主義」ならば、むしろ当然のことではないでしょうか。

▼恣意的な評価は基本的に避ける

以前、キャスターのメンバー30人に、「過去にいた会社の中で納得できた評価制度があったか」と尋ねたことがありました。

すると、全員が「ない」と答えました。

「どの上司につくかで評価が変わる」「数字が未達でも給与が下がったりしない」など、いずれも不明確な評価制度であったことを感じさせました。また、「頑張った」式の評価は、本人たちは優しいと感じていないことがわかりました。

評価する側にしても、私がマネジャーをしていた時には、かなりの時間をかけて評価の説明をしていました。

それは目標設定の段階で評価の方法が明確になっておらず、ふんわりとした属人的な評価を合理的に説明して納得してもらわないといけなかったからです。

それでは説明にコストがかかってしかたありません。不明瞭な評価方法は評価する側にとっても、評価される側にとっても、どちらにも優しくないのです。

郵便はがき

料金受取人払郵便

牛込局承認

2000

差出有効期限
令和4年5月
31日まで

162-8790

東京都新宿区揚場町2-18
白宝ビル5F

フォレスト出版株式会社
愛読者カード係

フリガナ お名前	年齢　　歳 性別（ 男・女 ）
ご住所 〒 ☎ （ ） FAX （ ）	
ご職業	役職
ご勤務先または学校名	
Eメールアドレス メールによる新刊案内をお送り致します。ご希望されない場合は空欄のままで結構です。	

フォレスト出版の情報はhttp://www.forestpub.co.jpまで!

フォレスト出版　愛読者カード

ご購読ありがとうございます。今後の出版物の資料とさせていただきますので、下記の設問にお答えください。ご協力をお願い申し上げます。

●ご購入図書名　「　　　　　　　　　　　」

●お買い上げ書店名「　　　　　　　　　　」書店

●お買い求めの動機は?

1. 著者が好きだから　　2. タイトルが気に入って
3. 装丁がよかったから　　4. 人にすすめられて
5. 新聞・雑誌の広告で（掲載誌誌名　　　　　　）
6. その他（　　　　　　）

●ご購読されている新聞・雑誌・Webサイトは?

（　　　　　　　　　　）

●よく利用するSNSは?（複数回答可）

☐ Facebook　☐ Twitter　☐ LINE　☐ その他（　　　　）

●お読みになりたい著者、テーマ等を具体的にお聞かせください。

（　　　　　　　　　　）

●本書についてのご意見・ご感想をお聞かせください。

●ご意見・ご感想をWebサイト・広告等に掲載させていただいてもよろしいでしょうか?

☐ YES　☐ NO　☐ 匿名であればYES

また、その場合の評価は目標の達成度や結果より、それを評価者がどう解釈するかで決まる傾向があります。もともと目標もきちんと決めていなかったりしますので、最後は評価者の好みといった恣意《しいてき》的な評価になってしまうのです。

事実、上司とソリが合わない、協調性がないといった理由で評価されないことがよくあります。逆に結果を出していないのに「遅くまで頑張っているから」などというよくわからない理由で、成果を上げている人とさほど評価が変わらないこともあります。

そういういい加減な評価は、きちんと目標設定をし、その成果によって評価するという上司の役割から逃げているだけです。

その点、結果だけで評価すれば、評価者の恣意性も入りません。キャスターではルールで決まっている評価をするだけで、私の意思は評価には反映されません。

私がその人に抱く印象は何も評価に影響しませんので、私（上司）のほうを見て仕事をしなくてよくなります。

そのほうが結果的に、メンバーは担当する役割にだけ集中できるのです。

第3章

これからのマネジャー・リーダーのあり方

リモートワーク時代のマネジャー・リーダーの仕事とは？

▼チームのメンバーと一緒に結果を出す

「マネジャーの仕事とは何ですか？」と問われた時、どのように答えるでしょうか。多くの人は明確に答えられないのではないかと思います。実際、私がそのように質問しても、ふわっとした意見が返ってくることが多いと感じています。

上手に部下を動かすこと、一体感を作ること、メンバーを成長させること、できる人材を育てること……など様々思い浮かぶかもしれません。

部下に始終指示を出すのがマネジメントと思っているような人もいますが、それはむしろその人が自分のミッションをわかっていないからです。

部長・課長クラス向けのセミナーなどで、参加者に個人的なミッションを尋ねると、明確に答えられる人はほとんどいません。出てくる答えも、

「組織マネジメントです」

「部下を管理して動かすことです」

など紋切り型の答えばかり。これはマネジャー自身が、何ができたら成功かがよくわかっていないため、始終指示を出す、会議で突っこみを入れるといった行動になってしまうのです。

私の考えているマネジャーの仕事はシンプルです。


チームに与えられたミッションを、チームで達成すること。


これだけです。

ところが、マネジャーやリーダーになると突然、あれもできなければいけない、これもできなければいけない、とまるでスーパーマンのような働きを考えてしまいます。

メンバーをまとめて、モチベーションを上げて、部下を動かし、成果が出なければ叱咤激励して、評価もしっかりできて、人を育てる……。

昨日まで自分がやるべき仕事をしていて評価された人が、マネジャーやリーダーになったからといって急に全部できるはずがありません。

マネジャーやリーダーに求められる本当の目的とは、あくまで「チームのミッションを達成すること」なのです。

もちろん、ミッションの達成にはメンバーが育っている必要がありますし、仕組みも整えないといけません。やるべきことも多いでしょう。ただ、マネジャーやリーダーがまずやるべきは、本当の仕事をしっかりと因数分解して、明確にすることだと考えています。

その意味で、本質的には、「ミッションの達成だけがマネジャーやリーダーの責任であり、その実現に向けてメンバーへの働きかけをする」ということが仕事なのです。

極端に言えば、最初からミッションが実現できるチームであれば、これといってメンバーに働きかける必要はありません。邪魔をせずに、チームの動きを見守っていればいいのです。

▼多くのマネジャー・リーダーが惑わされる「過剰な理想像」

マネジャーやリーダーで苦しんでいる人の多くは、「過剰な理想」とのギャップに苦しんでいると言えます。

会社組織やマネジャー・リーダーとしての理想像を作りすぎていると思うのです。

多くの会社員は、マネジャー、リーダー、会社組織というものを情緒的に捉えすぎているとさえ感じます。

会社とは事業や目的があり、それを達成するために集まっている集団にすぎません。それなのに、「自己実現の場が必要ではないか」「家族的な集団が理想なのではないか」などと余計なことを考え、いろいろな意味づけを与えすぎなのではないでしょうか。

私がよく言うのは「たかが会社」です。

「会社とはこうあるべき」「組織とはこうあるべき」という〝べき論〟を時折耳にし

ますが、組織は「組織」という人がいるわけではなく、「今いる人の集まり」でしかありません。「今いる人」が変われば、当然組織も変わる。それなのに、なぜあるべき理想像がひとつしかないのでしょうか。私はとても不自然に感じます。

マネジャーやリーダーもこれと同じです。

チームをまとめるのが得意な人は取り組めばいいのですが、上司になった人すべてが「うまくチームをまとめなければいけない」などと思う必要はありません。

もちろん、丁寧にコミュニケーションを取ったり、仕事のしやすい関係を築くために意識的に雑談を多くしたりするなどの配慮は必要でしょう。

しかし、無理に「うまくチームをまとめよう」「皆に好かれよう」とする必要はないのです。

多くのマネジャーやリーダーが、メンバー全員ときちんと打ち解けないといけないという幻想にとらわれているように思います。もちろん、打ち解けられたほうがいいですが、それは本質ではありません。

マネジャーやリーダーの本質的な仕事は「成果のマネジメント」です。チームのミッションや成果に責任を持つ立場ですので、その達成が第一義です。メンバーからどれだけ好かれていても、目標の未達が続いていれば、会社からすると意味がありません。

あくまで目標の達成のために、メンバーと円滑にコミュニケーションを取れたほうがいいですし、全員が働きやすいほうがいいというだけのことです。

▼任せられるチームは勝手に動く

私自身、任せられるチームであれば、メンバーとは雑談程度しかしません。「今月は大丈夫？」「まあ頼むよ」くらいの感じです。

ただし、何か問題が起きていそうならば介入することもあります。

最近の事例では、前年に比べてとある事業部の新規顧客の受注率が10％ほど下がっていました。以前から同じメンバーが担当していますし、広告出稿している媒体も、商品も変わっていません。いろいろな条件が同じなのに、数字が下がっていたのです。

そこで、原因をマネジャーに尋ねたところ明確に答えられません。

「これはまずいな」と感じて私が介入することにしました。

もろもろ調査すると、問い合わせがきてから商談設定までの割合が10％下がっていました。問い合わせがきたのに、商談の設定ができていない割合が10％も上がるのは明らかな異常値です。

原因を調べてみると、アシスタントの人がパンクしていて、問い合わせをいただいた企業への連絡が遅くなっていました。そこで、全員で当番を決めて連絡するよう指示したところ、あっという間にもとの状態に戻り数字が回復しました。

こうして書くと、なんてことのない改善策ですが、マネジャー視点だと気づけなくても、私が見ると気づくことがあります。そのあとは、きちんと商談設定率を見ていくというルールを決めたところ、問題が起きなくなりました。

仕事を一度メンバーに任せられるようになれば、こういうちょっとした視点の転換を与えてあげるくらいで、チームはきちんと機能していくのです。

多様な働き方時代にマネジャーがやるべき１％のこと

▼マネジャーの役割はシンプル

チームに与えられたミッションを達成すること。

これこそがマネジメントの最大、唯一のミッションです。どんな仕事であれ、これは変わりません。

このミッションから導かれるマネジャー・リーダーの役割は、徹底的にシンプルに考える必要があります。

具体的には次のような内容です。

①目標を設定する
②各メンバーの権限を明確にする
③情報の透明性を高める
④「何を言っても大丈夫」という雰囲気を作る

業種などに関係なく、マネジャー・リーダーが考えるべきすべてのポイントはこれに集約されていると言っていいと思います。

▼目標設定が力量のすべて

第一に「目標を設定する」ことから話をしましょう。

先にも述べた通り、マネジャーのミッションは、「チームに与えられたミッションを、チームで達成すること」。そのために各人に与えられている役割を、全員が全うできるようにサポートすることです。

その実現には具体的かつ適切な目標を設定しなければなりません。

結果の評価にばかり目が行きがちですが、私はマネジャーにとって**「目標設定のスキル」**のほうが何倍も大切だと考えています。


目標が明確でないのに、結果を評価することはできません。その人に合わせた適切な目標を設定できるかどうかはマネジャーの力量にかかっています。

たとえば、普通にやれば余裕で達成できる目標を設定し続けても成長しません。逆に高すぎても、当然未達が続くだけで、メンバーのモチベーションも下がるだけです。

その人が頑張れる方向で、実際に頑張ったら手が届くくらいの目標を設定してあげないといけません。

しかも、事業内容やチームの方針と紐《ひも》づいている絶妙な目標を設定してあげる。つまり、その人がやりたいことだけではなく、会社としてやってもらわないといけないこともきちんと含めた目標です。

それをやっていないと、結果に対して「頑張った」「成長した」といった抽象的な評価になってしまいます。これが日本の会社における大きな問題点だと考えています。

メンバーを自走させる仕組みを作る

▼メンバーの主体性がないのは組織とリーダーのせい

リモートワークを導入すると、姿や仕事ぶりが見えないため「メンバーが主体的に動かなくなるのではないか」と心配される方が多いかもしれません。

オフィスで働いている時も「部下自身が主体性を持って、自分から動いてくれない」「指示待ちばかりで、自分で考えて仕事をしてくれない」などと嘆いている方がいらっしゃるかと思います。

それは**主体性に対する勘違い**です。

主体性というのは、個人ではなく組織に紐づいている、と私は考えています。

部下やメンバーが主体性を持って自発的に仕事をしてくれるかどうかは、その人個人の能力やモチベーションの問題というよりも、組織の仕組みの問題であることがほとんどなのです。

つまり、会社組織やマネジメントする側が、部下やメンバーが主体的に動ける環境を作っているかどうかのほうが重要だと考えています。

部下やメンバーに主体的に働いてもらうには、次の４条件が必要になります。

①自走を可能にする情報が共有されていること
②自身の判断で動いていい権限を与えられていること
③自身が何をすべきか考える能力を備えていること
④失敗してもマイナス評価にならないこと

おわかりの通り、「自走する＝主体性を持って仕事をする」ために必要なのは、ほとんどが組織側の問題なのです。本人に必要なのは、３つ目の考える能力のみ。

これにしても、本来は上司がきちんと教育できていればクリアできるので、やはり本人だけの問題ではないのです。

たとえば、新卒の社員に「企画を考えて」と言っても、基本的な考え方がわからないのに考えられるわけがありません。

ところが、「うちのメンバーは主体性がなくて……」という上司が必ずいます。それは社員やメンバーが主体性を持っていないのではなく、マネジャーやリーダーが主体性を発揮できないようにしていると考えるべきなのです。

▼4条件なしに当事者意識は持てない

この4条件は、自走するための必要条件として書きましたが、これは「当事者意識を持つ」ための条件でもあります。

よく「仕事に対して、当事者意識を持とう」などと言われます。

「意識」という言葉が入っているため、本人が主体的に備えないといけないもののように考えられがちですが、4条件がそろわないと「当事者」になどなれません。

また、上司の中には「自分の仕事を奪いにこい」などと言う人がいますが、少なくともその人と同じ権限と、知っている情報をすべて与えなければ不可能です。

会社には上長に限って見ることのできる情報がありますが、その情報の格差によりマネジメントが成立していたりします。情報を役職で止めておくことは年功序列ととても相性が良く、下剋上《げこくじょう》が起きにくい仕組みになっているとも言えるでしょう。「仕事を奪いにこい」と言われても、すべての情報がなければ前提条件が違うため、同じパフォーマンスができるはずがないのです。

事実、部下がどれほど優秀でも情報がないとわからないことが多いため、的外れな意見になってしまうということがあります。あるいは、新しい提案や改善策などを示しても上司からすると「そんなの俺、知ってるよ」といった話になるわけです。

当事者意識はマインドの問題と思われがちですが、会社の仕組みの問題です。

メンバーが当事者になるための条件をしっかり整えてあげないといけません。自分が渡せる情報や権限はすべて渡して、各人の活動を見守ることが大切です。

それがうまくいけば、自分で考え、実行できる範囲も広がり、結果的に成果も出しやすくなりモチベーションが上がるような循環が生まれやすくなるかもしれません。情報の透明性や明確な権限があれば、当事者として主体的に動く人も増えてくるはずです。

時にはメンバーが違う仕事のやり方を訴えてくる場合などもあるでしょう。その意見が真っ当であれば、本人のミッションは変わらないことを条件に任せてみるのもいいと思います。

逆に能力があり、会社にその仕組みや環境が整っているのにやらなければ、そこではじめて本人のマインドを問うべきでしょう。もっとも、それでやらないマインドの人はそのままですから、無理に変えようとしないことです。

▼情報を透明にして不信感を防ぐ

私が情報の透明性にこだわっている理由はいくつかあります。

ひとつには、先にも述べましたが「疑心暗鬼」を生まないためです。特にリモートワークの場合、上司やメンバーの物理的な姿が見えません。すると、自分がいないところで何かが相談されているのではないかなど、疑念を抱きやすくなります。

簡単に言えば、会社の人間を信じられなくなるわけです。

それを避けるために、できる限りすべてをオープンにしていく必要があります。

そのため、キャスターでは、個人情報と人事情報以外はすべてオープンにしています。全員の給与も、社員であれば自由に見られるようになっています。

参加したければ、役員会に参加することも自由です。役員会は基本的に月曜日に開いていますが、私のカレンダーがオープンになっていますのでスケジュールを確認できますし、URLを記してありますので誰でも自由に入れます。

会社に対する余計な疑心暗鬼をなくし、自走するために必要なすべての情報にアクセスできるようにしています。

もうひとつには、会社の方針やルールなどを定めた基準を明確にするためです。

これはリモートワークに限ったことではありません。社員が知りたいのは、役員が何らかの方針を決めたという事実ではなく、「なぜ」その方針にしたかです。

たとえば、役員が決めた内容を部長がメンバーに伝える時、「それはどうしてですか？」という質問に対して「いや、上が決めたから」という返答は最悪です。役員が会社の方針を決めた理由をきちんと伝えないと、部長は「自分は関係ない」というスタンスと解釈され、メンバーもまたそうなります。

方針やルールに納得できていないと、どうしてもパフォーマンスに影響が出てしまうという人も少なくないでしょう。給与にしても、金額に納得して働きたいはずです。ですからキャスターでは、営業であれば標準給与はいくらで、目標を達成するといくら上がり、達成できないといくら下がるという給与のルールを明らかにしています。

そのルールを全員に公開し、納得した上で働いてもらう。役員が好き勝手に会社を動かしているわけではないことを示し、余計な不信感を抱かせないためにも、情報の透明性は非常に重要なのです。

「人を育てる」から「役割を育てる」へ

▼「役割」を起点に考えよう

私がよく言う考え方に**「役割を育てる」**というものがあります。

新規採用をするにしても、今いるメンバーの部署配置を考えるにしても、人ありきではなく、役割ありきで考えます。

多くの会社は、最初に人があり、何らかの役割を預けるというやり方になっているのではないでしょうか。

一方、キャスターではまったく逆で、まずは役割があり、それに対する報酬を設定し、最後に誰にやってもらうかを決めるという考え方をしています。

役割を起点に考えると、週3回の勤務でもいい、業務委託でもいい、リモートでもいいなど、働き方は柔軟に考えられるようになります。もちろん役割から考えてフルタイムである必要があるという結論になることもありますが、どちらにしても多様な人材を受け入れやすくなります。

この考え方は一般的には**「ジョブ型」**と呼ばれています。役割に着目した働き方で、人事コンサルティング会社の世界的大手であるヘイコンサルティンググループの創設者が提唱しました。

本社はアメリカにあり、もともとは人種差別の撤廃を目的にした考え方です。現在も黒人に対する差別が問題になっていますが、当時は採用においても人種による明確な差別があったそうです。特にメンバーシップ型の考え方、つまり「人を選ぶ」という発想だとどうしても不利になってしまう人が出てきてしまいます。

そこで、求められる役割を果たせる人材を選ぶようにする。すると、人種に関係なく役割に合った人を選ぶようになり、結果的に多様な人がそれぞれの役割を持って働ける社会になっていきますし、社会はそうならないといけない。そういう理念をもとにした考え方なのです。

ジョブ型の考え方を実現するには、会社が役割を育てないといけません。また、役割を育てていくためには、会社や事業そのものが成長していかないといけませんし、仕事の構成や業務フローなどを柔軟に変えていく必要があります。そうして任せたい役割がどんどん増えていくと、多様な人材が集まる会社へと変貌していくのです。

ところで、役割というと「言われたことだけやる」というイメージになりがちですが、それはまったく違います。役割は変化するものであり、同じことの繰り返しではありません。

たとえば、売上目標が低い時と高い時とでは、営業に求められる役割は変わります。また、職位が上になればそれに応じた役割になります。つまり、状況や職位によって目標のレベルが変わり、果たすべき役割も変化するわけです。

営業という仕事は同じでも、役割が変化すればやるべきことは増えますし、その実行レベルも上げる必要があります。それが役割を育てるということなのです。

▼「会社に必要な役割は何か？」から始めよう

マネジメントとして着手すべきは、役割ごとの目標を明確に定めることです。何がミッションで、何をしてほしいのかを役割ごとに定めてください。

それがないと、誰をどこに配置すべきかわかりません。また、その配置が合っているのかもわからないでしょう。マネジメントとして何を求めるのか、その役割は社員でなければならないのか、フリーランスがいいのかなども決まりません。

人材の配置は「今いる人に何をしてもらうか？」から始まることが多いのですが、「会社に必要な役割は何か？」から始めるといいでしょう。

「人ありき」ではなく、**「必要な役割ありき」**で考えるわけです。

特にいま漠然と何らかの役割を担っている人については、きちんと再定義してあげないといけません。

ただし、それぞれの役割を定義していった結果、人材が余っていることに気づく可能性があります。その場合は役割を分散したり、新しいことにチャレンジしたりするなど、臨機応変に対応してください。

▼戦略とは「戦いを略す」こと

メンバーの役割を決めるには、会社の事業や戦略の見直しが必要です。

現在の事業でどのくらいの目標があり、今後はどう成長したいのか、どう事業を展開していくのかなどを明確にしないと、必要な役割も見えてきません。

逆に考えると、役割が見えてこないのは、会社の方向性や戦略など、会社にとって最も重要なところが決まっていないからです。当然ですが、それらは社員が考えるものではなく、経営者やリーダーが担うべき大切な仕事です。

戦略の見直しにあたっては、大ざっぱな内容ではいけません。たとえば、出版社で「売れる本を作ろう」では戦略とは言えないはずです。

戦略という言葉は「戦いを略す」と書きます。

つまり、**どう戦うかではなく、戦わなくて済む方法を考える**ということです。

一番簡単なのは、**敵がいないところに戦力を配置する**ことです。

当社の例で言えば、当社ではリモートワーカーを社員として雇い、その人たちの労働力を分割してお客様に提供する。人材派遣の会社はたくさんありますが、リモートワーカーを何百人も社員で雇ってしまおうと考える人はまずいません。「月に30時間だけオンラインで秘書を提供する」というビジネスモデルの会社もありません。

結果として、「ひとり採用するほどじゃないけどバックオフィスを手伝ってほしい」と思っている企業の方に弊社のサービスを知っていただけると、かなりの確率で利用いただけることが多いです。それは同じようなことを実現できる競合がほとんどないから、という理由です。

このように考えていくのが、本来の「戦略」だと思います。

▼会社が目指す方向を理解してもらう

戦略を作っていく時、会社が向かっている目標をメンバー全員が理解していることが大切です。会社がこういう方向を目指しているから、こんな役割があり、それを全うしてもらう必要がある。それをリーダーだけでなく、メンバーの人たちに理解しておいてもらわないといけません。

そのためには、リーダーが行き先や目標をきちんと決めることです。

大きな意味で言えば、それが会社のミッションになるでしょう。たとえば、キャスターでは「リモートワークを当たり前にする」というミッションを掲げています。

しかし、これだけでは漠然としすぎていますので、「100人にリモートワークをしている人はいるかを尋ねた時、半分くらいが挙手したら当たり前と言えそうだよね」といった話をします。リモートワーカーが過半数になったら市民権を得たと言えるだろうから、その状態を目指そうということです。

その実現には、リモートワークで働くことをOKとする会社を増やすか、リモートワークで働ける会社として当社が大きくなるか、という2つの方法が見えてきます。

こういう大きな目標が定まると、各部署がやるべきことが見えてきます。すると、どんな事業が必要で、どのような人材が必要で、何を目標に仕事をしてもらうべきかも決まるでしょう。

こういう流れを各人が理解しているか否かで、チームの質が変わってくるのです。

▼新規採用にこだわらなくていい

どういった役割が必要かについては、まずは大づかみでもかまいません。

ただし、メンバーそれぞれの役割、一定期間の目標、取り組んでいる業務などを言える状態にしておくべきです。会社全体にさほど戦略がなくても、担当している部署ではそれを明確にしておいたほうがいいでしょう。

また、何らかの役割が新たに必要になった場合は、誰かに兼任してもらう、異動で補充する、アウトソーシングするなどいろいろな選択肢があります。

私は新規採用を考えることが多いのですが、それは現時点で、会社や事業が成長しており、役割が減らないという前提に立っているからです。

しかし、戦い方や事業の状況が変われば、ひとつの役割がなくなることもありますし、小さくなることもあります。役割は増えたり減ったりするものですから、新規採用という方法にこだわる必要はないでしょう。

▼役割の見つからない部下はどうすればいいか？

役割を設定していくと、どこにも適さない人材が出てくるかもしれません。その場合、人員が不足している役割にアサインするなどの工夫が求められます。

また、該当するメンバーには、人員が不足している役割のミッション、成果の度合いによる評価などを伝え、取り組む意志を聞いてみるしかありません。

この時一番大切なのは、「あなたには当てはまる役割がなかった」ときちんと伝えることです。「評価はしているんだけど」などと言いながら閑職に追いやったり、何の予告もなしに給与を下げたりするほうがよほどひどいやり方です。

自分が嫌われたくないからそういう言い方になるのですが、コミュニケーションとしては最悪です。その人がリーダーを信頼できなくなりますし、会社への不信感も生まれるでしょう。事実は事実として伝えたほうが、本人も受け入れやすいものです。

そもそも会社は学校ではありません。小さい子どもを相手にしているわけではなく、大人としての契約が成立していますからフェアにやるしかないのです。

正社員の場合、結果を出していない人でも会社側は雇い続ける義務があります。もちろん法律は遵守する必要があります。

ただ、会社にいてもらうのであれば、感情論や個人の好みとは関係なく、事実はきちんと伝えて契約に見合う働きをしてもらうことを要望する。達成してくれればきちんと評価する。それだけの話です。

部下・メンバーの成長にとって大切なこと

▼経験・スキル・能力は異なる

当社の採用時には、学歴や職務経歴などはあまり考慮していません。私が一番見ているのは能力です。ただし、ここでいう能力は一般的な考え方とは異なります。

多くの人は「経験・スキル・能力」を一緒くたに考えがちです。

経験とは「自身がやってきたことで、過去の事実」でしかありません。たとえば、営業を3年やった。これが経験です。

次に**スキルとは、「経験を通じてできるようになったこと」**を言います。経理の担当者であれば、年次決算を締められること。そのために必要なコミュニケーションもあれば、スケジュールの立案もあるでしょう。税理士への確認も必要です。そういうポイントをすべてクリアして自身の仕事を全うできれば、それはまさしくスキルです。

最後に**能力とは、「経験をスキルに変える力」**のことです。

何度経験してもスキルにならないのは能力が低いからです。

私が面接で一番見ているのは能力です。多くの人は経験を語りたがりますが、私はその経験によってどんなスキルを得たか、同時にそのスキルがどの程度のレベルにあるのかを聞きます。

もしそれが低いレベルにとどまっているならば、能力が低いと判断せざるを得ません。経験をスキルに変える燃費が悪いわけです。

「燃費がいい人＝能力が高い人」を雇うと、経験は少なくてもスキルはすぐに向上し、会社にとって非常に貴重な戦力になります。

能力が高い人、というのをもう少し掘り下げてみましょう。

▼結果が出た理由を理解しているか

能力の高さとは、簡単に言うと再現性があるかどうかです。

自分で考え、行動し、その結果どうなったかがわかっている。うまくいかなかった場合であれば、どうすべきだったかを考え行動に移す。そういう自分の中のＰＤＣＡがちゃんと回っていれば、成功例を再現しやすくなります。

そういう人は面接でもわかります。

「Ａという方法で結果を出しました」と言った時に、「どうしてＢでもＣでもなく、Ａの方法にしたのですか？」を尋ねると、経験をスキルに変えられている人、能力が高い人は、きちんと理由を回答できます。

しかし、能力が低い人はそれが答えられないのです。

ただし、能力は単純に個人の力だけでなく、適切にトレーニングしないと伸びないため、「どんな上司についていたか」が大きなポイントとなります。上司が仕事の考え方や動き方をしっかり示してあげられれば、積んだ経験がスキルになっていきます。

リクルートの教育はかなり仕組み化されており、それを実践していれば、概ね成果が上がるようになっていました。しかし、仕組みのもととなった考え方をきちんと理解して結果を出した人と、言われるままに行動していた人では、将来的なスキルは異なってきます。だからこそ、考え方の理解が足りない人には上司がサポートする必要があります。

もっとも、能力だけ伸ばそうとしてもなかなかうまくいきません。

大事なことは次の3つです。

①つまずいているポイントを見つける
②一番成果の出るやり方を教える
③なぜ結果が出たのかを理解してもらう

この3つをセットにすることにより、取り組んだことを一つひとつスキルに変えられます。すると、それをひとりでできる方法を考えるようになり、本人が気づいた時には経験をスキルに変える力=能力が蓄積されているのです。

モチベーションは上げなくていい

▼「モチベーションが高い＝成果が出やすい」は幻想

「部下のモチベーションが低くて……」と悩む上司の方は多く見受けられます。

ビジネス書においても、モチベーションを上げる方法などといったものがよく見られますし、上司もモチベーションの低いメンバーを叱咤激励したり、モチベーションの研修などを受けさせたりする人もいるでしょう。

モチベーションが必要ないと言うつもりはありません。ただ、モチベーションを上げることがマネジャーの仕事になってはいけないと思うのです。

それが、逆にモチベーションを下げる原因になってしまう可能性があることは、第

1章で述べた通りです。

そもそも「モチベーションを上げると、成果が上がる」というのは幻想以外の何物でもありません。

▼モチベーションに関する2つの勘違い

モチベーションに関する勘違いは2つあります。

○モチベーションは高いほうがいい
○モチベーションが高いと成果が出る

この2つがよくある勘違い。これはどちらも間違いです。

これについて説明していきましょう。

まず、ひとつ目の「モチベーションは高いほうがいい」というものですが、この前提が間違っています。先にも述べた通り、マネジャーは、チームのミッションを達成することが仕事です。

メンバーのやる気があるか、モチベーションを高く維持できているかどうかは、本来マネジャーがマネジメントすることではありません。

実際、「モチベーションは高いものの、結果を出さない人」と「モチベーションは低いけれど、結果を出してくれる人」のどちらがいいでしょうか。

おそらくほぼすべての人が後者を選ぶはずです。

また、モチベーションが低くて行動していないのであれば、行動していないことを指摘することが正しいのです。

そもそも他人のモチベーションをなんとかしようと考えることが間違いです。

モチベーションが低いこと・高いこと自体にフォーカスを当てるのではなく、事実として、与えられた役割をこなせているか、与えられた目標を達成できたかどうかにフォーカスし、マネジメントすることです。

▼成果がなければ、モチベーションは上がらない

次にもうひとつの勘違い「モチベーションが高いと成果が出る」についてです。

「そうはいっても、部下がやる気を持って仕事に取り組んでくれなくて、成果が出ないんです……」

と感じているかもしれません。

「モチベーションが高い＝成果が出やすい」というのは一見正しい論理に聞こえるかもしれません。

「モチベーションが低い↓適切な行動をしない↓成果が出ない」という認識をされているのだと思います。

しかし、この因果関係は間違っています。

正しい因果関係は、シンプルにすると次の形になります。


「成果が出る↓楽しくなる↓モチベーションが上がる」

先ほどの認識と真逆ですが、これが真理だと思います。

ようするに、上司がどんなに声がけをしてモチベーションを上げたように思えたとしても、それが成果に結びつかなければ、そのモチベーションは続きません。むしろうまくいかないことが続けば、自分自身の能力を疑ったり、会社を離脱したりすることも起こり得るでしょう。

逆に、成果が出続けていれば、その人のモチベーションは少なくとも下がっていくことはありません。

多くの人はモチベーションが高くなると結果が出るという方程式で考えるため、モチベーションを上げようと努力します。しかし、実際には結果が出続けるから、モチベーションが保たれます。考え方がまったく逆なのです。

出版社の編集者さんにしても、手がけた書籍が10冊連続で数千部しか売れなかったらかなり萎えるでしょう。「もう（編集者を）辞めようかな」と思うかもしれません。

逆に、毎回何万部も売れれば、モチベーションが続くはずです。

結局、どれだけ好きな仕事で、やりがいを持って働いていたとしても、結果が出なければモチベーションは保てないのです。

マネジャーはモチベーションを上げようとするのではなく、成果の出し方を教え、サポートするほうがよほど部下のためになります。

実際、私はメンバーのモチベーションなど気にしたことがありません。特にプライベートな理由でモチベーションが下がっていても、他人はそこまで介入できませんし、介入する必要もありません。

マネジャーは親でもなんでもありませんので、自分で解決しなさいという話です。

一時期流行ったアドラー心理学では、他者の問題と自分の問題を分けて考えます。他者の問題はコントロールできないので介入しない。それが正解だと思います。

「仕事のやり方」ではなく、「成果の出し方」を教える

▼なぜ成果につながるのかを理解してもらう

「モチベーションのマネジメントは手放して、成果をマネジメントする」とお伝えしました。

それでは、どのように成果を出させればいいのでしょうか。

実際、こういった話をすると、

「そうはいっても、結局やる気がなくて行動していないから成果が出ない。行動の指摘をしても部下が変わらないから悩んでいるんだけど……」

とおっしゃる方もいます。結局もとに戻る方が多いようです。

そういった場合は、**まず部下と一緒に行動してみる**ことです。

そして、その行動がなぜ重要なのか、なぜ有効なのかを部下が理解できるよう、伝えます。その次は、部下に自分でやってもらう。

できるようになったら、また、別の行動を一緒にする。それを繰り返し、リアルタイムでフィードバックし、小さなことでも承認する。すると、だんだん自然と自分で仕事のコツが掴め、成果を上げられるようになり、結果としてモチベーションも上がっていきます。

▼いいマネジャーは結果を出させてあげる

結果が出始めると、今度は自分なりの工夫を加えるようになったりします。それでさらに成果が得られると、ひとりでチャレンジし続けるという好循環が回り始めます。

それは何も難しいことではありません。

リクルート時代の仕事で考えれば、テレアポでスケジュールを埋めるコツは、リスト管理を徹底するだけですから、実は誰にでもできます。先方との会話も、同じ営業トークでまったくかまいません。

つまり、個人的な能力にさほど関係ない部分をきちんと仕組み化したり、結果を出すためのポイントをしっかり教えたりしてあげれば、ほとんどの人が求められる目標は達成できます。それが自信につながり、モチベーションも向上します。

プロ野球選手を見ても、どの選手もプロとしてのポテンシャルは備えていますが、誰もが活躍できるわけではありません。**能力＝結果ではない**のです。

結果を出すと一言で言っても、個人の能力以外の要素が山ほどあります。たまに部下の能力の低さを嘆く上司がいますが、実際は個人の能力以外のところに問題があることも多いのです。与えられた戦力で結果を出すのがマネジャーの仕事であると肝に銘じてほしいものです。

▼勝てるポイントや構造がわかれば、成果は出せる

結果を出そうとしても、何がポイントなのかわかっていない人はたくさんいます。結果を出している人であっても、結果が出ている理由をわかっていないことは珍しくありません。

実際、私がＤｅＮＡの人事部にいた時、よく採用面接をしていましたが、営業で結果を出してきた人に「なぜ結果が出たんですか？」と尋ねても、明確に答えられる人はあまりいませんでした。「ほかの人と何が違いましたか？」と尋ねてもダメです。

そういった人に、「１・５倍の成果を上げてくださいと言われたらどうしますか？」と尋ねると、「１・５倍働きます」といった回答しか返ってきません。結果を出せる人であっても、ほとんどが感覚で仕事をしているわけです。

だからこそ、勝てるポイントや結果が出せる構造を理解できていると、何度も再現でき、部下やメンバーに伝えることができます。

テレアポで考えてみましょう。多くの人は営業トークのうまさに着目するのですが、実はテレアポでのアポ獲得率と営業トークのうまさは関係なかったりします。

受注を得るには商談が必要です。その商談を設定するために電話をかけるのですが、先述したようにかけた数よりも「担当者と話せた数」のほうが重要で、担当者と話せる確率が上がっていかないと意味がありません。その根本を改善できるかどうかが問題なわけです。

しかも営業トークはもともと備えている能力やセンスが求められますので、真似したとしても、そうはうまくいきません。

一方、能力やセンスとは関係ない部分を変えたほうが、誰もが結果を出せるようになります。それがリスト管理などです。

そういう**誰でも変えられる部分をしっかり変えてあげると、インパクトのある結果が出る**ようになります。

営業トークの改善で得られる結果は、それに比べれば小さなものにすぎません。

たとえば、受注率が数％改善しても数十件商談して受注が１件増える程度で、それでは結果のインパクトとして小さいものです。

事実、私は営業トークを教えたことは一度もありません。3つほどポイントを覚えてもらうだけで、ロールプレイングもやらない。

そもそも、社会人になるまでの二十数年間で形成されたコミュニケーションの方法や意識が、ロールプレイングくらいで劇的に改善するはずがないからです。それでも自分がマネジメントした営業メンバーで、目標を達成できるようにならなかったメンバーはいませんでした。

▼結果点という考え方

私の考える育成とは、**「できなかったことができるようになっていくこと」**です。

たとえば、新人の編集者にいきなり「本を作れ」と命令しても作り方がわからないはずです。上司や先輩と一緒に何冊か担当するうちに、テーマや著者を決めて、企画書を作って、編集会議を通して、といった一連の流れが理解できてきます。

そうなったならば、「テーマや著者を決める」という最初の作業をやってもらいアイデアが出てくるのを待つ。だいぶいい内容になってきたら、次はきちんと企画書にまとめてもらう。育成とはそういう繰り返しでしかありません。それが最終段階まで到達すると、「本を作れ」と言うだけで作れるようになるわけです。

これはある組織コンサルティング会社の考え方ですが、スタート地点から求めているゴールまでの間に、「結果点」という中間地点を作っていくやり方です。その結果点を、部下のレベルに合わせて、どこに置くかが上司の力量と言えます。

結果点が遠すぎると進め方がイメージできないため、ほとんど動けなくなります。逆に結果点が近すぎると、簡単すぎて成長がありません。現状できていることの次の結果点を設定してあげることが重要です。

そのためには、部下がどこまではできて、どこで詰まっているかをしっかり理解しておく必要があります。

だからこそ、行動をマネジメントするのではなく、成果をマネジメントしないといけません。成果を見て、詰まっている原因を改善するのです。

たとえば、毎日１００件電話しているのに商品が売れないメンバーがいたとします。その時、１５０件に増やすよう指示したところで何も変わらないでしょう。

そんな時は、つまずいている点を見つけてあげることが大事になります。

○ 電話をかけてはいるものの、かけ方がよくない
○ 営業トークが間違っている、営業マニュアルから外れたやり方をしている

など、つまずいている部分に気づくはずです。

それを見極めて、頑張れば到達できそうな結果点を定めてあげる。それができたら、また次の結果点を定める。その繰り返しで成果を上げられるようになるはずです。

きちんと成果を上げること、ミッションを達成することにフォーカスしたマネジメントをすれば、必然的に育成はなされていくのです。

リモート時代の信頼関係の作り方

▼メンバーを無条件に信頼する

リモートワークは、社員の働いている物理的な姿が見えません。

そんな中でのマネジメントで大事なのは、とにかく疑心暗鬼にならないことです。

「そうはいっても、疑心暗鬼にならないのが難しい」

と思うかもしれません。

疑心暗鬼になってしまうというのは、仕組みの問題もありますが、一番重要なのは**本人が相手を信頼すると決めていないから**です。

特にリモートの環境では、相手の姿が見えません。ですから、勤務態度や仕事の状況を疑い始めたらキリがありませんし、社員がそれを証明する術もありません。働いている場所に監視カメラを入れるわけにもいかないですよね。

信頼関係がきちんと築かれていることが大事なわけですが、何よりも大切なのは、信頼関係を構築する上での因果を間違えないことです。

多くの人がこの因果を間違えています。

「入社○年目だから、信頼できる」「○○ができた人だから信頼できる」といった具合の前提が入る。つまり相手が自分に対して何かをしてくれたから信頼できる、と思っている人が多いのです。

実際、「自分の期待に応えられたら信頼する」というスタンスの上司がいませんか。そういう人はなかなか他者を信頼できません。相手を信頼するハードルが高く、信頼は相手が与えてくれるものだと思っているからです。

それは完全に誤りで、信頼とはこちらがするものであり、相手は関係ありません。部下からしても、そういった上司と一緒に働くのはとても苦痛だと思います。

もちろん、人間ですから、過去の実績や経験から信頼できるかどうかを判断しがちです。しかし、このコミュニケーションは、疑心暗鬼を生み出してしまいます。
私はこれを**「信頼のコストが高い」**と表現しています。

信頼のコストはできるだけ低いほうがいい。

マネジメントする側からすると、相手を信頼するかどうかは自分で決められます。

これからのマネジメントでは、「私がAさんを信頼すると決めたら信頼する」といった考え方のほうがいいのではないか、と思うのです。

私はメンバーにも「隣にいる人は無条件に信頼してください」とよく言います。物理的に隣に人はいないのですが、とにかく同僚を信頼しろということです。

人によって働き方が異なる会社では、チームで何かを達成する場合、「自分は週5日なのに、なぜあの人は週3日なんだ」とか「なぜあの人はリモートなんだ」などと言いだしたらキリがありません。チームのメンバーも、お互いに役割を果たしてくれていればOK、という信頼が前提となります。


また、お互いに無条件の信頼が前提ですから、約束は守る、嘘をつかない、陰口は言わない、感じたことは本人に伝えるなど、関係性を維持するようにみんなが努力するのを求めることは必要です。

信頼という言葉でも、自身が相手を信頼するかどうか、他者との信頼関係をどう維持するか、という2つはまったく別物なのです。

この2つを一緒くたにせず、きちんと分けて考えることが大切なのです。

▼信頼するとコストがかからない

私たちは信頼できる要素がたまっていった先に信頼があると考えがちです。しかし、その要素とは約束を守る、嘘をつかないといった基本的なことにすぎません。

また、面倒くさいプロセスを踏まなくても、自分が相手を信頼すればそれで完結します。

そのほうが仕事をする上でもコストがかかりません。監視する必要もありませんし、年中心配するストレスも無用です。相手を信頼していないからマネジメントがしにくくなり、マネジメントされる側も動きにくくなるのです。

たとえば、何かの仕事を外注する場合、最初の段階では相手を無条件に信頼するしかありません。品質は大丈夫か、締め切りは守るかなどといちいち心配していたら自分が苦しいだけです。「やってくれる」という前提で任せるしかありません。

本来はそれが人間関係の始まりのはずです。そうしないと仕事が始まりませんし、新たな人と取り引きもできないでしょう。

世の中の信頼は、相手を一方的に信じることからスタートしているのです。

電化製品などにしても「ちゃんと動く」と信頼しているから買うわけです。いちいち疑っていたら、何も手に入りません。

だったら、人間関係もそうでないとおかしいのではないでしょうか。

そもそも信頼できそうにない人ならば採用しなかったはずです。

社内・社外に関係なく「まず信頼する」がスタートです。

第4章

これからのチーム・組織のあり方

ルールではなく、文化を作る

▼リーダーは首長、チームは住民

会社経営は、ルールで縛るのではなく、文化で作るものだというのが私の考えです。

たとえば、会社にゴミが落ちているとします。そのゴミを拾うかどうかはルールではなく、どちらかというと社内の文化の問題だと思うのです。

別の例で言えば、取引先の方や来訪者が来ると皆で大きい声で挨拶する会社がある。

一方、お客さんが来ても誰も挨拶しない会社もありますよね。

ここで全員に挨拶をするルールを作っていくのはあまりいい方法ではないと思うのです。

ルールでやらせるのではなく、挨拶を当たり前にする文化を作るほうがいい。

私は会社をひとつのコミュニティのようなものとして捉えています。同じ会社にいたとしても、各人の生活スタイル、価値観、行動の仕方、モチベーションなどはすべて異なります。以前よりもその傾向は強くなったと思われますし、今後はさらに強くなっていくでしょう。

そういう意味では自治体などのコミュニティに近いと感じます。

たとえば、同じ自治体にいても住んでいる理由はそれぞれですし、生活スタイルも違えば仕事も違います。しかし、ゴミの捨て方や施設の利用方法など、コミュニティとして最低限のルールはあります。

もちろん、納税もそのひとつと言えるでしょう。それに対して、自治体は公共サービスを提供してくれますが、それだけで生きていくことはできません。やはり各人が働いてこそ地域が円滑に動いていきます。

会社も同様に、最低限必要なルールがありつつ、福利厚生は公共サービスのようなものだと言うこともできます。あとは基本的にその会社にいる理由は自由ですし、働き方や会社とのかかわり方も自由であるべきでしょう。

そう考えると、リーダーは自治体の首長のようなもので、誰もが満足度が高く、その地域に住み続けられるかを考える必要があります。そのために重要なのは、住民に責務は果たしてもらいつつ、各人の生活を阻害しないことです。

住民の生活に口出しする行政など聞いたことがありません。会社もそれと同じで、各人の働き方のスタイルを尊重してあげることが何より大切なのです。

▼リーダーは上に立つのではなく、前に立て

会社の文化は、言葉と行動が伴って成立します。

先ほどのゴミの例で考えてみましょう。いくら会社の美化を唱えたところで、落ちているゴミを誰も拾わなかったら文化にはなりえません。ゴミを拾うという行動が当たり前になってはじめて、会社の美化が文化になります。

来客があった時に誰もが挨拶をする会社であれば、「来訪者には挨拶をする」という文化を新入社員も自然に学んでいくでしょう。先輩社員からしつこく指導されたり、就業ルールにそんなことが書いてあったりしなくても、当たり前のこととしてやれるようになります。

ここからわかるのは、文化を作りたければ誰かが最初に行動を始めなければいけないということです。

必然的に、その文化を作りたいと思っているリーダーが率先して行動すべきということになります。

文化の形成において、リーダーは上に立つ人ではなく、前に立つ人でなければなりません。

先頭に立って行動するからこそ、メンバーはあとに続いてくれるのです。

「仕事」ではなく「ライフ」を優先させる

▼「ライフ優先」をリーダーが行動で示す

私はよく「これからは、仕事以上に『ライフ』を充実させることが重要になる」と言っています。ライフというのは、仕事以外の時間のことです。

リモートワークになったことでライフが変化した人はたくさんいます。サーフィンなどのマリンスポーツが好きな人は海の近くに移住しましたし、今はコロナ禍で行けなくなりましたが、海外旅行をしながら仕事をしている人もいます。中には単に朝が弱いから朝遅めに出勤してくるという人もいます。

理由はなんであれ、ライフを優先した働き方をすればいいと思います。

リモートワークになると、通勤時間がなくなります。

平均的に考えて、往復で2時間程度は時間が浮くわけです。月～金で1日2時間浮くと、月で40時間浮くことになります。その時間で何をするかが重要です。

趣味、勉強、遊びなどやりたいことがある人は問題ありませんが、仕事以外に何も見つからない人は逆にストレスになるかもしれません。

特に家族とあまり話さないような人は、「家にいることがかえって辛い」ということもあるようです。そういう人の場合、生産性云々よりも、出社して、なんとなく残業して、同僚と飲みに行くほうがずっと楽しいでしょう。

実際、コロナ禍でリモートワークを強いられた人の中には、孤独感を覚えた人も多かったようです。

私の場合、現在は子育ての最中ですので、保育園に送り迎えしたり、子どもと一緒に遊んだり、お風呂に入れたり、と子育てでやることはたくさんあります。通勤する仕事だったら、両立はかなりきつかったと思います。

社員からたまに「すみません、子どもが病気なので半休を取らせてください」といった連絡がきます。私は「悪くないので謝らなくていいです」とすぐに返し、「お大事に」のスタンプを押します。

私がスタンプを押せば、チームも自然にスタンプを押すようになりますし、「悪くない」という部分に反応して「確かに」などと返してくれる人もいます。私が意図的にそういう言葉を発信すれば、社員に言いたいことが自然に広がっていきます。

「悪くないのに『すみません』と言うのはやめよう」と私は創業期からずっと言うようにしていました。自身や家族の健康以上に大切なことなどありませんし、有給休暇も社員の権利です。謝る理由がまったくありません。

私も、家族の誕生日にも有給休暇を取ったりしますし、「子どもを迎えにいくのでいまから抜けます」などと言って勤怠管理チャットに投稿します。

チームを率いる人間がそういうことを普通にやっていると、メンバーもそれが許されることを自然に理解してくれます。

「ライフを優先していい」ということを、リーダー自身がメンバーに行動で示すことが重要なのだと考えています。

▼集団を良くするのは全員の責任

「チームを良くする責任はメンバー全員にある」と私はよく言っています。でもこれをリーダーが言ったら、職責を放棄しているように取られかねません。

これを伝えるのは、意外に勇気のいることですが、それでも事実は事実として伝えなければなりません。

なぜなら、リーダーや経営者が、どれだけ頑張っても、メンバーそれぞれがチームを良くしようとしなければなかなかことは改善されないからです。

先ほど自治体の話をしましたが、これもマンションなどを例にするとわかりやすいかもしれません。どんなマンションであれ、ゴミ捨て場所・時間などのルールがあり、全員がそれを守ることで生活空間が快適に保たれています。管理人さんがどんなに頑張ろうが、住人がルールを守らなかったら意味がありません。

会社も人間の集まりである以上、それぞれの行動によって快適さが決まります。環境を良くできるか否かは参加者一人ひとりの自覚と行動なのです。

職場の雰囲気などについて、たまに「うちの上司はわかってない」などと言う人がいます。不満を抱くのは個人の勝手ですし、不満があるなら解決策を出すべき、と言うつもりはありません。

しかし、自分もその集団の一員として責任を担っていることを忘れてはなりません。「うちのマンションのゴミ捨て場は汚い」と思いながら自分もルール通りに捨てていないとしたら、その人にも責任があるわけです。

ここで言いたいことは、「会社、組織を良くする責任はメンバー全員にある」ということ。

リーダーはこの考え方を、部下に対しても言っていく必要があると思います。そうしなければ、「会社のせい」「組織のせい」という言い訳ばかりが跋扈《ばっこ》する状態になってしまうのです。

働く人に合わせて会社が変わる

▼マネジャー・リーダーに必要なのは「言行一致」

それぞれの会社のビジネスモデルに対して、活躍を期待したり、ずっと在籍してほしい人材のタイプがあったりすると思います。

リーダーはそのような人材を確保しておくため、何らかの対策を講じる必要があります。そのためには、その人たちが働きやすい環境を整える、その会社に居続けたいと思われるような環境を作る。それもリーダーの仕事です。

たとえば、副業をしたい人もいれば、フリーランス的に複数の仕事を請け負いたい人もいるでしょう。あるいは、8時間も拘束されたくない人、リモートで働きたい人など様々だと思います。

今後はそういう働き方を認めざるを得なくなるはずですので、制度としてそういう働き方を容認する仕組みや文化が重要ではないかと思います。

会社が必要とする人材を採用したい時には、会社が重視していることや、社員のメリット、労働環境などをきちんと説明するはずです。しかし、いざ入社してみると、採用時に説明された内容が運用や文化に落としこまれていない、といった経験をしたことがある人は多いのではないでしょうか。

たとえば、リモートワークを推進していると聞いて入社したのに、ほとんどの社員は出社して仕事をしている。実際、そういう会社はたくさんあります。

そのほか、有給休暇や育児休業制度でも同じことが言えます。制度はあるのに使えない、もしくは使えば使ったで何か嫌味を言われるので使いにくい、ということがあります。

必要な社員を失わないため会社がやるべきことは、やはりリーダーやマネジャーの「言行一致」がすべてだと思います。働く人たちや社会の変化に合わせて会社が変わっていく必要があるのです。

▼「役割に合うか」で人材を見極める

日本では一度社員に採用すると、そう簡単に解雇できません。

そのため、雇ってはみたものの担当させた仕事がいまひとつ合っておらず、かといって辞めさせることもできないため、いろいろな部署をたらい回しにするといったケースがあります。

これは明らかに採用側の問題です。

そもそも、担ってもらいたい役割が曖昧でそれが決まっていなければ、人材の何を見極めるべきかがわかりません。にもかかわらず「この人はこの会社に合っていそうだ」といった漠然とした雰囲気で採用するから、採用された側も採用した側も苦労するのです。

採用時に決めておきたい役割とは、たとえば「経理部で○○をしてほしい」という程度でかまいません。その仕事ができるかどうかを見極めればいいだけです。

▼会社の入り口を増やす

ただし、実際には働いてみないとわからないことも多々あります。特に、チームのメンバーとうまくいくか、コミュニケーションが図れるかなどは面接で見極めるのは不可能です。そういう不確定要素については、働いてから判断するという柔軟さも必要です。

そのためには、**会社の入り口、会社との接点を増やす**べきです。

現在は一般的に「入社」という入口しかありません。しかし、週1回から働いてみる、何かのプロジェクトを手伝ってもらうなど、会社と人材の最初のかかわりはもっと多様な入り口があっていいはずです。

つまり、最初の働き方、契約の仕方にバリエーションをもたせてみる。そうすれば、働いてみないとわからないという問題が解決するかもしれません。

キャスターでは、入社前に不安がある人は秘密保持の約束を交わした上で社内のチャットに入ってもらい、すべてのチャンネルが見られるようにしています。

入社前に会社の情報を見せることに抵抗感はありません。むしろ、相手のことをあまり理解できていないまま入社を決めるほうがよほど怖く感じます。

そもそも、1回の面接に1時間かけても、相手のことをすべて理解するのは不可能です。

また、時間が合えば、ミーティングに参加してもらったりもします。すると、面接官以外の社員と交流できますので、会社の雰囲気がわかったり、入社前にある程度の関係が築けたりします。

そして、まずはフルタイムでない状態から働き始めてもらい、1カ月程度でひとつのプロジェクトを一緒に担当して、入社の可否をお互いに判断するというやり方もしています。お互い面接でわかることと、わからないことがありますので、きちんと見えるようにしてから決めればいいわけです。

多くの人はそのまま入社するのですが、短期間一緒に働いてみてお互いに「違ったね」というケースも当然あります。その場合は、入社しなければいいだけの話です。

あるいは、相手が社員ではなく業務委託を望むならばそれを受け入れます。ある役割を果たしてもらうのに社員でないといけない理由はありません。ただし、役割として最低限週4日はいてもらいたいといった場合は、話し合いで最善策を決めます。

短時間の面接で相手を見極めることはできません。

私もこれまで何千人も面接をしてきましたが、それでも一緒に働いてみてはじめてわかることのほうが多いと感じます。「入ってみて違った」となるリスクを避けるには、一緒に働いてみるという方法しかないでしょう。

▼多様な働き方の仕組みを整える

一般的なやり方としては、インターンシップのように、少しの期間働いてもらう程度から始めてみてもいいでしょう。または、副業でできる仕事を一緒にやってもらうという手もあります。あるいは、チャットに入ってもらうだけであれば簡単ですし、相手も会話をながめていればいいだけですので負担がかかりません。

社員の候補に仕事をしてもらうのは抵抗感があるかもしれませんが、それは心理的なハードルにすぎません。実際にやってみると、すぐに解消されるはずです。

もちろん、会社によっては個人と契約はしないルールのところもあるでしょう。ひとつの仕事だけを切り出すのが難しい、社外の人と仕事をしたことがないなど事情は様々です。

しかし、採用の柔軟性を上げていかないと、いつまでたっても一発勝負の博打《ばくち》で採用し続けないといけません。「フルタイムで出勤できる人以外はダメ」などと言っていたら、いい人材の確保はどんどん難しくなるはずです。

特に役割に適した人を選ぶという意味では、旧来の働き方にこだわっていては採用できない場面も増えてくるでしょう。ある役割に最適な人材がいるものの、フルタイムで働けないという理由だけで手放してしまうのが一般的です。

それを改めて、週3日でもいいからまずは働いてもらう。仕事がおもしろいと感じてくれたら、徐々に週5日勤務を提案する。そういうやり方を試してみるべきです。

これは移住のプロセスに似ています。

たとえば、いきなり行ったこともない所に家を買って、移住するなんてことはないですよね。ほとんどの人は怖くてできないはず。まずは何度か遊びに行って、「いい所だな」と思って、好きになってから移住します。逆に、「まず遊びに来てもらう、好きになってもらう、それから移住してもらう」というプロセスを提供するのが自治体の仕事です。

同様に「もっとこの会社で働きたい」と思わせるのがリーダーの腕の見せどころであり、マネジメントの仕事なのです。

▼社内・社外という垣根を外す

また、ある役割を担ってくれる人を選ぶ場合は採用だけでなく、フリーランスや外部の人に業務委託する選択肢もあります。

適任者が業務委託の人材という可能性もあります。一般的に見ると、そこで社内と社外という分け方をするのですが、私はとてもナンセンスだと思います。

なかにはどうしても渡せない情報もあるかもしれませんが、その人が役割を担うにあたって、基本的には社内と同じ情報を与えなければ仕事を全うできません。

人材が社内か社外かは関係なく、必要な情報をきちんと渡すこと、自由に動ける権限を与えることが何よりも大切です。

そもそも社内の人は信頼できて、社外の人は信頼できないのは不思議な話です。弁護士や税理士などは外部の人でも信頼して任せるのに、いざそうではない業務になると外部の人は信頼できない、となってしまうのはなぜなのか。

社内の人は何回かの面接をパスしたにすぎません。それなら情報を与えても大丈夫で、そうでない人は与えられない。そんな偏った理屈があるでしょうか。

もちろん、会社としてリスク管理は大切ですから、不正ができない仕組みを作る必要はあります。相手を信頼することは大前提ですが、だからといって仕組みを作らないというのは別の話です。

たとえば２０２０年６月、Ｌ社の取締役が約30億円を横領し、そのほとんどをＦＸ取引に使っていたという事件がありました。

その人が悪いのは当然ですが、問題は現金の入出金をその人だけが管理していたということです。会社のガバナンスで考えると現金の出入りは2人以上でチェックするなり、ひとりでは入出金できないようにするなりの対策が必要だったと思います。口座残高を取締役会で明らかにするなどでもよかったでしょう。

結局、取締役だろうと何だろうと、悪いことをする人はいるのです。社内・社外かは何の関係もありません。

第5章

リモート時代のマネジメント仕事術

リモートワークでのコミュニケーション

▼チャット空間＝オフィス空間である

リモートで働くことを考えるには、使えるツールを理解しておくことも大切です。

先にも述べた通り、キャスターも一般的なツールしか使っていません。

ミーティングはＺｏｏｍ、チャットはスラックかチャットワーク、メールはＧメール、予定管理はグーグルカレンダーと、自社開発したものはひとつもありません。

たまに自社ツールを開発したがる会社がありますが、その辺のエンジニアよりも、世界一の頭脳が集まっているグーグルなどのエンジニアのほうが優秀に決まっています。しかも現在は便利なサービスがたくさんあり、自社ツールでないとできないことはほとんどありません。用意されているツールを使うほうがはるかに合理的です。

リモートワークで何よりも重要なのはチャットです。

通常、チャットは連絡ツールのひとつにすぎませんが、リモートワークでは**「チャット=オフィス」**です。オフィスがチャットに変わっただけと考えてください。

言ってしまえば、**チャットとは「バーチャルオフィス空間」**なのです。

そして、チャットの中にはチャンネルという区分けがあります。これはバーチャル空間の会議室のようなものです。プロジェクトや事業、コミュニティごとにチャンネルが分かれていて、メンバーはテキストでコミュニケーションを取っています。

リモートワークになると、コミュニケーションが取りにくいと考えられがちですが、それはチャットをメールのように「連絡ツール」としてだけ使っているからです。

仕事中の会話には次のような3種類があります。

①業務の話（命令・指示などが伴う会話）

②業務に関連する軽い相談や壁打ち（アイデアの話し合いや、隣同士での会話）

③プライベートな内容を含む雑談（ランチなどで交わされる会話）

オフィスがある場合、この3つの会話が混じりあいながら仕事をしています。特に何もしなくても、コミュニケーションがなされる状況になっているわけです。

ところが、リモートワークになってチャットを始めると、①の会話は必要なので普通にするものの、②③の会話がなくなります。そのため、コミュニケーションが減ったと感じたり、「やりづらくなった」と感じたりするのです。

チャットツールをバーチャルのオフィス空間と捉えた時、②③の会話がきちんとなされるような仕掛けを考えなければなりません。

▼会話が起きやすい方法を考える

最初に島型のオフィスを考えた人は、ひとつの発明だったと思います。対向に座り5〜6人が1島で、上長が奥に座るという形が一般的ですが、おそらくそれは会話が起きやすい空間設計なのでしょう。そのベストプラクティスを、誰もが無意識に使っているのです。

チャットにも自然に会話が起きやすいプラクティスがあります。ただし、3種類の会話を自覚して、バーチャル空間でそれをいかに再現できるかの工夫は必要です。

キャスターでも、最初は仕事以外の会話がなかなか起きませんでした。「なんでも話していい」というチャンネルを設けてみましたが、それでもあまり集まりません。そこで、本好きな人、子育てをしている人など、テーマごとのチャンネルを設けたところ、現在はうまく活用されています。

最初は私が「こんなチャンネルを作ったよ」と告知すると、メンバーが集まってくる感じでしたが、自由にチャンネルを作っていいことがわかると、勝手に増え始めます。**メンバー全員が「どんどん自分でやっていい」という雰囲気にすることが大切**です。

また、会社に雑談を根づかせようと思ったら、マネジャーやリーダー自らが雑談をする必要があります。自分が参加せずに「雑談をしなさい」と指示を出しても意味がありません。

そして一度雑談を許したならば、ずっと許し続けなければいけません。雑談が多くなってきたら「雑談をやめなさい」と言うようでは文化にはなりません。

▼チャットは日常会話のように使う

チャット上のコミュニケーションでしっかり認識しておきたいのは、当たり前ですが**「チャットはメールではない」**ということです。つまり、連絡ツールではなく、バーチャルオフィスであり、会話のツールであるわけです。

そのため、メールのように「お世話になっております」といった文言は必要ありません。通常のオフィスで行われているような会話を普通にすることが大切です。

チャットは話したい内容を一度で全部伝えきることを目的にしていません。ポンポンと短めな会話をカジュアルにやり取りしたほうがいいでしょう。

そのキャッチボールの中で、「いいアイデアだね」と盛り上がったり、「ああ、なるほど」と納得したりするわけです。普通のコミュニケーションをテキストでやっているだけと考えてください。

チャットには言語化力がいると言われますが、口頭で話していても内容が理解しにくい人はたくさんいます。その時は「それってどういうこと？」と普通に聞き返せばいいだけですし、それが一番の解決策です。

また、文字で伝えると本来のニュアンスよりも強く見える場合があります。特に上司という立場で淡々と話すとその傾向があるため、音引きで語尾を伸ばす、「！」をつける、スタンプを押すなど、柔らかくしたり、感情を伝えようとする工夫もできるといいでしょう。

▼文字で相手の感情を推測しない

チャットの読み手も気をつけるべきことがあります。

それは**文字として書かれた以上の情報を読み取ろうとしない**ことです。つまり、推測をしないということです。

人間のキャラクターと表現する文体は異なります。会うと淡々としているのに文字のやり取りだと明るい人もいますし、普段は話し好きなのに文字の会話は必要以上にしない人もいます。

それに他意はなく、単に得意・不得意だったり、書く時の癖であったりすることが多いはずです。そのギャップに驚いて、相手の感情などを推測してはいけません。

普通の会話にしても、読み取れないことを無理に読み取ろうとするからミスコミュニケーションが起きます。

話の内容がわからなければ「どういうことですか？」と聞けばいいだけですし、聞ける関係性になっていないことが根本的な問題なのです。

テキストのやり取りは、内容がわかりにくい場合も確かにあるでしょう。

しかし、それは表層的な事象であり、変に気を使わないといけない関係のままであることがよほど問題です。コミュニケーションの齟齬《そご》を、テキストか口頭かのせいにしてはいけません。

もしどうしても話が噛み合わないならば、チャットを中断してＺｏｏｍにすればいいいだけです。わりあい極論に走って、チャットを続けるかやめるかという話になったりするのですが、何がなんでもテキストで会話しないといけないわけではありません。

▼オフラインもオンラインも同じ

「リモートワークになると、コミュニケーションの齟齬が生まれやすくなる」ということはさんざん言われてきました。

これもまた、よくある誤解です。

対面であろうと、リモートであろうと、コミュニケーションでは齟齬は生まれるものだからです。対面だった時には一切コミュニケーションの齟齬、思い違い、勘違いはなかった、という人はいないはずです。

リモートだからコミュニケーションの行き違いがあるのではなく、コミュニケーションを取れば、多少なりとも齟齬はあるのです。問題はいかにそれを減らせるかというだけの話です。

基本的にコミュニケーションは難しいものです。

何年同じ仕事をしていても意図が正しく伝わらなかったり、温度感がそろわなかったりするのは、対面であっても生じます。そこで私たちは、何度も確認しあう、対話を重ねる、図で示すなどいろいろな工夫をして相手との共通認識を育てていくはずです。

オンラインのコミュニケーションもまったく同じで、オンラインだから難しいわけではありません。普段から起きていることが、オンライン上でも起きるだけです。だからこそ、お互いに配慮しあいながら言いたいことを理解していくしかありません。

ところが、会話がテキストになると、一回で完璧に伝えないといけないという先入観にとらわれる人がいます。普段のコミュニケーションでもそんなことは不可能ですから、オンラインでも不可能なのは当然です。リモートワークは、単に仕事やコミュニケーションのツールと場所が変わるだけなのです。

オンライン会議のコツ

▼仕組みはオンライン組に合わせる

今後、リモートワークの導入を会社やチームとして進めるにしても、全員がいきなりリモートになるわけではなく、オフィスにいる人（オフライン組）とリモート（オンライン組）のハイブリッドにする場合もあるはずです。

それはまったくかまいませんが、会議のやり方や、コミュニケーションの取り方などは、マネジメントする側が一定のルールを決めていったほうがいいでしょう。

まずこの**オンラインとオフラインのハイブリッドな会議についてですが、これは基本的に避けたほうがいい**と思います。

たとえば、会議をする時、何人かは会議室に集まり、ひとりだけオンラインという場合。リモートで参加する人がいるのなら、全員オンラインの会議にしたほうがよいでしょう。

全員を同じ環境にしないと、オンライン側の人が疎外感を感じやすくなるからです。音声がよく聞こえない、会議室にいる人どうしで何か話しているけどわからない……など、不安になる要素がたくさんあります。

これはオフラインで会議室に集まっている人たちが5人いるのであれば、5人全員が自分のパソコンをウェブ会議ツールでつなぎ、オンライン上で会話をすればいいだけのことです。

新たにウェブ会議システムなどを作ろうとする会社もありますが、必要ありません。その整備にお金をかけるくらいなら、それぞれにノートパソコンを支給してＺｏｏｍで会議をしたほうがはるかに効率的です。議事録なども同じ画面を見ながら会議を進められるため、認識もそろいやすくなります。

オンラインの会議になったからといって、これといって変化することはありません。参加人数もオフィスでの会議と変わりない程度でしょう。どちらでやるにしても、何十人もいては会議にならないはずです。

また、進行役はいたほうがいいでしょう。アジェンダ（議題）があって、順番に話し合いを進め、決定したことを整理する。最後にはきちんと全体の確認をとる。オンラインに限らず、そういう役割の人がいると、会議はスムーズに進みます。

なお、たまにカフェなどで会議に参加している人がいますが、これはまさしくセキュリティの問題があるため絶対に避けるべきだと思います。

会議だけではなく、キャスターのように普段のやり取りはチャットを活用し、議事録や決まったことなどはドキュメントやテキストで残すなどの工夫も必要でしょう。そうしないと、オンライン組に必要な情報が届かなくなり、パフォーマンスに影響が出る恐れがあるからです。

オフライン組の仕事のやり方が優先されたままでは、オンライン組の生産性を下げてしまいます。リモートだからうまく働けないわけではなく、その原因を作っているのはオフィスにいる人であることを認識しておかないといけません。

セキュリティはどうすればいいか？

▼セキュリティ問題は人が起こす

リモートワークを導入するとセキュリティが気になる、という会社もよくあります。

実際、リモートワークを導入する会社の課題の多くが、「セキュリティ」だったりします。

しかし、リモートワークだからセキュリティが心配というのは、誤解があります。

セキュリティのエラーは場所ではなく人によって起きます。つまり、オフィスでないからエラーが起こるわけではなく、人間のミスによってエラーは起きるのです。

たとえば、ある人が間違ったメールアドレスに契約書を送った途端、会社の機密情報が漏洩《ろうえい》します。あるいは、ＢＣＣに入れるべき一斉メールをＣＣに入れて送ったら、あっという間に個人アドレスが拡散してしまいます。

セキュリティに気をつけている会社であっても、パスワードを記した付箋がパソコンに張ってあったり、重要書類が机の上に平気で置いてあったりします。結局、エラーを起こさない仕組みや行動が重要なのであって、場所の問題ではないのです。

もちろん、法律的に情報を社内で管理しないといけない会社もあるでしょう。しかし、それは金融など一部の業種に限られるはずです。

フリーＷｉＦｉを利用しない、パスワードはパスワード管理ツールを使用して管理するなど、人によるエラーを防ぐ仕組みを整えるほうがよほど大切だと思います。

▼不安の原因はシステム理解の不足

多くの中小企業は、現在もそこまでセキュリティ対策がなされているとは思えません。それなのに、リモートワークというと急に不安になる人が多くいます。

それはただの印象にすぎません。むしろオフィスでもセキュリティの問題はたくさん発生しています。

社内の人間が顧客情報を持ち出すなどは典型的な事例です。

なぜ不安が生まれるかというと、ひとつにはシステムの理解が足りないからです。システムをきちんと理解すれば、エラーが生じるのは場所ではなく人の問題ということに納得がいくはずです。

オフィスを持っていない当社もPマークのほか、ISMS（情報セキュリティマネジメントシステム）というかなり厳しいセキュリティの基準をクリア、取得しており、一般的な中小企業に比べてセキュリティレベルは高いです。もっとも、社員に厳しい運用を求めているわけではなく、基準に則った教育と運用を普通にしているだけです。

▼セキュリティ対策に適したツールや運用を

「セキュリティが重要」と口では言っているのに、仕事を開始した途端、重要書類のパスワードをチャットで送ってきたりする人もいます。

パスワードを厳密に管理していても、送信する相手を間違えたらそれでアウトです。

セキュリティが気になるなら、リモートワーク云々の前にそういう事態を発生させない仕組みやツールを導入すべきです。

たとえば、グーグルのスプレッドシートを送ったら、先方に権限を申請してもらってから、こちらで承認するというやり方があります。

あるいは、パスワードが必要なツールには、パスワード管理ツール経由でログインしてもらうという方法もあります。

このように情報へのアクセス権限をしっかりコントロールできるツールやり方があるにもかかわらず、そうしていない会社が多いように思います。いいツールがたくさんありますので、まずはそれらを組み合わせたセキュリティ対策を進めていくといいでしょう。

伝える力

▼正しい日本語で話す・書く

多様な価値観を持つ、多くのメンバーとリモートで働くとなると、より重要になってくるのが、「伝える力」です。

SNSやオンラインのツールはどんどん増えており、テキストベース・チャットベースで仕事をする機会はこれからも増えていくでしょう。

同じ話をしても、メンバーの理解力には個人差があります。全員に正しく理解をしてもらうのは限界がありますが、物事を伝える能力が高いに越したことはありません。

それは何も難しいことではなく、正しい日本語が使えるかどうかが重要です。

ツイッターなどでも、まったくかみあっていない議論がよく見られます。

私はニュースのコメンテーターの仕事もしているのですが、終了後にツイッターを見ると、なぜか怒りのコメントが寄せられていたりします。

ところが、何度読んでもその方の主張していることの意味がまったくわからない。正しく日本語を読める人、正しく日本語を書ける人は、実はそこまで多くないと感じています。


試しに、自分の話を録音して聞いてみてください。または、自分が話したことをそのまま字幕にしてくれるアプリもあるので、一度使ってみるといいでしょう。

きっと、自分の話している内容がわかりにくいことに気づくはずです。

話している時は、語順や文法をあまり気にしていないからです。

つまり、普段日本語で話せていることと、相手に伝わる日本語をきちんと書いて伝えられるかどうか、はまったく別問題なのです。


そういう意味では、普段からSNSを書くなり、ブログなどに自分の考えを文字としてアウトプットするのは大切です。もちろん、本を読んで語彙や表現を増やすことも必要でしょう。

きちんとした文章が書ける、正しく文意を読み取れるなどはとても重要なスキルです。できる人は意外に少ないため、それだけで大きな差がつくと思います。

▼自分が読みやすい文章を参考にする

私はこれといって文章を書く訓練をしたことはありません。
しかし、リブセンスやＤｅＮＡは資料のフォーマットにとてもこだわる社風で、

○「てにをは（助詞）」に気をつける
○伝えたい内容を簡潔に言う
○整った論旨にする

などいろいろと注意が必要で、私自身鍛えられたと思います。特に直接の上司が社

長という場合は、少ない時間で伝えるためにも膨大な内容をサマリ（要約）にして用紙1枚で伝えないといけない場面も多くありました。

その時、論旨がきちんと整っていないと、「何を言っているのかわからない」と必ず言われます。情報を取捨選択し、論理的かつ簡潔に文章をまとめる必要があり、それでかなり鍛えられたと思います。

あとは読書をしたり、読みやすいと感じたブログの記事を参考にしたりするなど、文章を上手に書くための工夫は現在も続けています。

▼右脳派こそ論理的になる訓練を

右脳派か左脳派かを判断するテストがよくあります。

一般的に右脳派は感覚的で、左脳派は論理的と言われます。

インプットの時と、アウトプットの時、それぞれに右脳・左脳のタイプが分かれているそうです。

テスト結果では、私はインプットもアウトプットも右脳タイプ。

つまり、感覚的に物事を捉え、感覚的に表現するタイプです。

これは的を射ており、実際、私は物事をほとんど感覚的に捉えています。しかし、それをそのまま表現すると伝わらないため、一生懸命、左脳的なアウトプットを心がけているのです。

つまり、訓練でなんとか論理的に話したり書いたりしています。

拙著『コミュ力なんていらない』（マガジンハウス）にも書きましたが、私はもともとコミュニケーションが得意なタイプではありません。

しかし、それを言うと私のことを知っている人からは、かなり驚かれます。

なぜそれができるようになったかといえば、ほかの人よりも、どうすればわかりやすく話せるかを日常的に考え続けているからだと思います。

ここでひとつ、コツを紹介しましょう。

それは、「例える」ことです。

自分のイメージの中ではおもしろい内容なのに、それを言語化できないことはよくあると思います。思考というのはアウトプットする前は、抽象的だったり、かなり漠然としたりしています。その内容を、具体化されている別のことに例える。それだけで、相手が一瞬でイメージでき、理解しやすくなります。

たとえば、第1章でお話しした「サッカーとフットサル」の例などがそれに当たります。あるいは、マネジメントには2種類あるなど、ひとつの物事や考え方を分解して説明すると、その実像が捉えやすくなると思います。

▼例え話は最高の思考訓練

私なりの「例える」コツがあります。

①構造を把握する
②同じ構造のものを見つける
③比較する
④全体像を伝えることを意識する

まずは、例えたいことの「構造」を把握することが大切です。

具体例を挙げましょう。

私がフリーター時代にテレアポの仕事をしていた時の話です。その時の仕事は個人宅に電話してBフレッツ（光ファイバー）に加入してもらうことでした。

相手はインターネットに詳しくないけど、なんとなくADSLに加入している年配の方が中心。そういう方に「上りの速度が最高◯◯Mbpsなんです！」と言ってもまったく理解できませんし、通じません。

また、「便利になるんです！」「ストレスなく使えるようになります！」と言われても、インターネットのヘビーユーザーではないので、その必要性もありません。

ただ残念ながらあまり成績の上がらないアポインターは商品のメリットをそのまま伝えてしまい、結果的に受注につなげられません。

私は入社2カ月目～1年間、全国2000名いるアポインターの中でずっとトップの成績だったのですが、その時に使ったのが「例える」ことです。

「ADSLから光ファイバーに替わる」というのを分解すると、次の3つで構成されていることになります。

○ 基本的にできることは変わらない
○ 速くなりストレスがなくなる（楽になる）
○ 少し値段が上がる

このくらいまで分解できれば十分です。


次にやるべきは、**「同じ構造のものを見つける」**です。

要素が分解でき、構造が把握できたら、次にできるだけ相手が想像しやすい場面で同じ「構造」になっている事象を見つけます。

今回の場合は、先の3つの要素で構成されていることを考えていきます。

「基本的にできることは変わらない」

「速くなりストレスがなくなる（楽になる）」

「少し値段が上がる」

この3つの要素がある、同じ構造になっているものを、今回の例であれば年配の方や、特に電話に出ることが多い女性の方でもわかるようなことの中から見つけないといけません。

皆さんならどんなことを例として持ってくるでしょうか?

当時の私は、「ADSLから光ファイバーに替わること」を「自転車と電動アシスト自転車」に例えて説明していました。具体的には次のような感じです。


いつものスーパーマーケットに買い物に行く時、自転車で行くと思ってください。その自転車が電動アシスト自転車になったら便利だし、何より重い荷物を持っていたり、坂道があったりしてもラクじゃないですか?

ADSLから光ファイバーに替わるというのは、それと同じだとイメージしてください。もちろん普通の自転車よりも、電動アシスト自転車のほうが値段は高いと思いますが、光ファイバーも同じように少しだけ値段は高いんですよね。

でも買い物もインターネットも毎日やることだから、ストレスなくラクにできたほうがいいよね、と言って多くの方がいま切り替え始めているんですよ。自転車を電動アシスト付きに替えて、不便になったという人はいないと思うので……(続く)

スーパーに行くのも、光ファイバーでインターネットをするのも、実は「構造」は同じなのです。

このような構造を見つけられると、相手はイメージしやすくなり、意思決定や行動してもらうことができるようになります。

本書は「例える力」の本でも「コミュニケーションの本」でもないので、このくらいにしておきます。

このほかにも「例えるコツ」はありますので、気になる方は、私のｎｏｔｅ(https://note.com/hideakiishikura) をご参照ください。

ある物事を別の何かに例えて話すには、具体と抽象を行き来する、事象を構造的に捉える、因果関係を明らかにするなど、総合的な思考力が必要です。

そのぶん、物事を論理的に考える訓練としては最高ですので、ぜひトライしてみてください。

社員の管理はどうすればいいか？

▼社員がサボることにリスクはない

リモートワークではメンバーの行動が見えなくなるため、仕事に取り組んでいる状態のほか、その人の不調にも気づけなくなります。実は、これが大きなリスクです。

あまりにも多忙で困っていたりする時、オフィスにいればその状況が見えて手を差しのべることも可能です。

リモートワークはそれができないため、きちんと本人から、「最近体調が良くない」「業務過多である」などを報告してもらわないといけません。

つまり、そういうネガティブな内容も含めて、なんでも話して大丈夫という空気や文化を作ることが、マネジャーやリーダーの大切なミッションとなります。

それができないと、真面目な人や責任感の強い人ほどつぶれてしまいます。仕事をひとりで抱えたまま休む暇もなく仕事をしていたり、メンタル的に不調が出ていたりと、気づいたら大変な事態になっていた、ということが起きかねません。


事実、働きすぎてしまうことはよくあります。パソコンを開けばすぐに仕事ができますし、やろうと思えばスマホでもできます。オンとオフの切り替えがしにくくなるため、場合によっては会社から「オフです」と切ってあげないといけません。

リモートワークというと、社員がサボるのではないかと考えがちです。

しかし、実態としてはまったく逆で、むしろ**「働きすぎない仕組み」**を考える必要があります。

そもそも社員がサボることには何のリスクもありません。サボっていても役割に応じた仕事ができていれば問題ないですし、万が一目標を達成しなかったら給与を下げればいいだけです。

また、すべてのコミュニケーションがチャットで流れてきますから、サボっていれば自動的にわかります。その人の登場頻度が圧倒的に少なくなるからです。

たとえば、10人でチャットをしていて9人がどんどんアイデアを出しているのに、ひとりだけ3日に1回しかアクセスしてこなければ、ちゃんと参加していないことは明白です。

それに気づいたら、こちらから何らかのアプローチをすればいいだけです。

働く時間はどうすればいいか？

▼いつ働いてもいいわけではない

リモートワークの場合、勤務時間について、マネジメントする側はよりセンシティブになったほうがいいと思います。

先にも述べた通り、リモートワークの数少ないデメリットに、「働きすぎてしまう」という問題があるからです。

リモートワークになるといつでも、何時間でも働いてもいいと思われがちですが、それはまったくの誤解です。

リモートワークとはいえ、労働基準法に基づいて働かないといけません。当然、労働時間は決まっていますし、就業規則で定時を定めていれば、定時を守る必要があります。

当社でもスタート当初、メンバーが働きすぎになり、お客様への連絡は18時以降しないなどルールを変えたりしました。お客様からは多少不安の声が寄せられましたが、それでも働きすぎないための改善を進めました。

社内でも売上責任を持つ事業部長などからも懸念の声がありましたが、「従業員の労働時間を勝手に延ばそうとする人がお客様にいたら、そのお客様は契約終了してもらってかまわない」と言い切って説得しました。若干過激なことを言わないと、動かすのは難しいと思ったからです。

「どこで働いてもいい」ことと、「いつ働いてもいい」ということは、別の話です。働く場所は自由だとしても、いつどのくらい働いてもいいわけではありません。

リモートだからといって、自動的にフレックスタイムになるわけではないのです。

当社ではメンバーそれぞれの働き方を尊重しているため自由に見えるのですが、労働時間などはきちんと管理しています。

方法としては、クラウドの勤怠管理ツールで出勤・退勤のボタンを押してもらいます。

また、チャットに「おはようございます」と「お疲れ様でした」を打ってもらい、勤怠管理ツールを押した時間との差分を確認します。一般的な会社で、オフィスにいる時間と勤怠管理に入れている時間が本当かを確認するのと同じです。しかもオンライン上にログ（記録）が残る分、比較的正確です。

リモートで働く人が働きすぎてしまうという問題は、ここまで見てきてわかる通り、マネジメントする側の仕組みや会社の文化の問題です。

しっかり時間を守ってもらう仕組みや文化がないと、オンとオフが曖昧になりすぎて、働きすぎの問題が起こってしまいます。

こうならないための仕組みや文化が必要です。

まず、マネジメントする側が、メンバーの労働時間を把握し、守ってあげること。当たり前のことですが、時間外に基本的に連絡や仕事をしない。連絡する場合も電話などではなく非同期（チャットやメール）で行う。また、その連絡も勤務時間外に指示はしない、などを意識しておくことが大事です。

おわりに

本当に伝えたかったこと

▼私たちの問題意識

社員のほぼ全員がリモートワークというと、何か特別な組織のように勘違いされたりしますが、働き方がリモートワークという以外は普通の会社とまったく変わりません。単に社員がオフィスに集まらないだけです。

オフィスがないメリットはいろいろあります。

まずはムダな経費がかかりません。全社で700人というとある程度の大所帯でも、本社の家賃は月額数十万円程度です。

また、ご家族が転勤になり引っ越すことになった人も、辞める必要がありません。

たとえばですが、東京からオーストラリアに転勤になっても、何日か休暇を取れば仕事を続けられます。

現在社員として働いているのは約半分、残りの半分が業務委託です。キャスターは働き方によって給与額は変わりませんので、業務委託を希望する人もかなりいます。そのほかにも、海外在住でビザの関係上社員になれない人、スポットで勤務したい人などが業務委託契約で働いています。

同じ能力で同じ結果を出せるのに、社員と契約社員では給与が違う。キャスターは、そういう雇用形態によって待遇が違うという理不尽な「身分制度」を完全に否定しているので、役割が一緒であれば正社員だろうと契約社員だろうと業務委託だろうと給与は一緒です。

国のあらゆる調査を見ても、男性と女性で給与に大きな差がありますが、キャスターではそれもありません。

キャスターで働くメンバーの男女比は9割が女性です。別に男性を採用しないわけではなく、応募の段階で9対1のため、どうしても女性が多くなります。

ただ、これは大いに問題だと感じています。

共働きで子どもができた時、どちらかが働き方を変えないといけなくなると、結果的に女性側が働き方を変えるという選択をしている、ということだからです。

私も友人に自社の話をすると興味を持ってはくれますが、「奥さんに勧めてみるよ」といった言葉が返ってきます。

どうして自分は関係ないと思っているのか。

別に男性がリモートで働けばいいのに、なぜ奥さんに勧めるという話になるのか。

おそらく、男性は無意識のうちに、「自分がフルタイムで働くのは当たり前で、何かあったら奥さんが働き方を変えるもの」と思ってしまっているのかもしれません。

もちろん、男性に悪気はありませんし、女性も無意識に「自分が変える」と思う人が多いのかもしれません。

事実、女性が転勤を命じられて、男性が仕事を辞めるという話はほとんど聞いたことがありません。逆に男性が転勤を命じられると、せっかくのキャリアを諦めざるを得ない女性が出てきます。

あるいは、エリア総合職といったひとつの地域から動かない立場に異動する女性もいます。転勤がないかわりに、給与が下がったり、昇進がなかったりします。

こういうルールは、どう考えてもおかしいと思うのです。

▼新たなマネジメントの常識が、個人の幸せにつながる

能力があっても契約社員は正社員との給与格差があるなど、世の中には「それ、おかしくない？」と思うことがたくさんあります。

私はそれに対し「こっちのほうがいいですよね」という仕組みを提供していきたいと考えています。

社会にひとつのルールしかないと、誰もがそれに従わざるを得ません。そこから逸脱した人は給与や将来のキャリアが不利になったりします。

たとえば、育休を取ったり、時短勤務になったりすると、なぜか出世コースから外

れるなどの仕打ちがあるため、働き方を変えることができない人がいることも残念ながら現実です。

リモートワークにしても、オフィスに来られないだけで給与が下がったり、リモートワークだと社員になれないといったりした謎ルールのある会社も、たくさん見てきました。

しかし、「働く場所なんて関係ない」という新しい常識を作れば、一般的なルールから外れた人も活躍できる場が生まれます。

社長も私も共に大学中退で、順風満帆なキャリアではありません。むしろ社会からあぶれた側です。だからこそ、余計に憤りを感じるのかもしれません。

私たちは二人とも「何とかなるでしょ」というキャラクターなので大丈夫ですが、何も悪くないのに普通のルールから外れた人はたまりません。

そもそも働き方における「普通」というのは、毎日オフィスに通勤して、正社員で、フルタイムで働く人たちが作ったものです。その人たちが自分たちを「普通」と位置づけているだけ。

社会にはいろいろな働き方や立場の人がいるのに、この「普通」の条件から外れるだけで急に選択肢が少なくなったり、能力があっても活かせなかったりする。もしかしたら能力を習得できる場すら少なくなってしまっている。

この「普通」とされるものがひとつしかなく、そこから外れると窮屈になってしまうのであれば、2つ目、3つ目の「普通」を作っていけばいいのではないかと考えて、現在、キャスターという会社を経営しています。


今後、働き方が多様になるのは不可逆でしょう。正社員として一社にずっと居続けたい、年功序列がいい、満員電車の通勤でもいい、という人が増えていくことはまずないと思います。

働き方の違う人たちとどう成果を上げるか、お互いを尊重しながらやっていくかは多くの会社が直面する問題になるはずです。


何も特別なことをしなくてもいいのです。

私たちキャスターはほぼ全員がリモートワークで会社をやっていますが、「スキルがある人たちだけが自由に働ける場」にするつもりも、「ママや女性を助ける会社」にするつもりもありません。別に、リモートワークで働きたいから、通勤が嫌だからキャスターで働く、でいいのです。

よく「新しい働き方」などと言われますが、どこで働こうが何時間働こうが、雇用形態はなんであろうが、仕事の本質は変わりません。任された役割やミッションがあり、それを達成する。会社はそれを評価する。それだけです。会社と個人が約束していることはこれだけ。

ある意味で、仕事というのは「神聖化」されてきたものです。

普段の生活だったらありえないようなことも「仕事だから」という理由で通ってしまうこともあります。

ただ本来「仕事」というのは、会社と個人の契約にすぎません。会社として何かやってほしいことがあり、それを請け負う個人がいる、それだけです。そして、マネジャーやリーダーというのは、会社と個人の契約がちゃんと履行されるようにサポートする役目でしかありません。

その「事実」を認めることで、マネジャーやリーダーはこうあるべきといった呪縛のようなものが解け、「邪魔しない」「何もしない」マネジメントができるようになるのではないかと思っています。

【著者プロフィール】

石倉秀明（いしくら・ひであき）

株式会社キャスター取締役COO。

1982年生まれ。群馬県出身。株式会社リクルートHRマーケティング入社。

2009年に当時5名の株式会社リブセンスに転職し、事業責任者として入社から2年半で東証マザーズへの史上最年少社長の上場に貢献。

その後、株式会社ディー・エヌ・エー（DeNA）のEC事業本部で営業責任者を務めたのち、新規事業・採用責任者を歴任。

2016年より700人以上のメンバーがほぼ全員リモートワークで働く株式会社キャスターの取締役COOに就任。

リモートワークの会社としては日本では断トツNO.1規模の会社を作り上げる。

著書には『コミュ力なんていらない――人間関係がラクになる空気を読まない仕事術』（マガジンハウス）、『会社には行かない――6年やってわかった普通の人こそ評価されるリモートワークという働き方』（CCCメディアハウス）がある。

ブックデザイン：小口翔平＋奈良岡菜摘（tobufune）
DTP：野中賢（システムタンク）
編集協力：小沼朝生
企画：鹿野哲平

これからのマネジャーは邪魔をしない。

2021年2月23日　初版発行

著　者　石倉　秀明
発行者　太田　宏
発行所　フォレスト出版株式会社
〒162-0824 東京都新宿区揚場町2-18　白宝ビル5F
電話　03-5229-5750（営業）
03-5229-5757（編集）
URL　http：//www.forestpub.co.jp

印刷・製本　日経印刷株式会社

ISBN978-4-86680-120-9　Printed in Japan